Eu, _____, ofereço este livro a(o) _____.

O pior cárcere não é o que aprisiona o corpo,
mas o que asfixia a mente e algema a emoção.
Sem liberdade, as mulheres sufocam seu prazer.
Sem sabedoria, os homens se tornam máquinas de trabalhar.
Este livro discorre sobre a busca da sabedoria e da liberdade.
Ser livre é não ser escravo das culpas do passado
nem das preocupações do amanhã.
Ser livre é ter tempo para as coisas que se ama.
É abraçar, se entregar, sonhar, recomeçar tudo de novo.
É desenvolver a arte de pensar e proteger a emoção.
Mas, acima de tudo, ser livre é ter
um caso de amor com a própria existência
e desvendar seus mistérios.

_____, ____/____/_____

Os segredos do Pai-Nosso

Augusto Cury

Os segredos do Pai-Nosso

SEXTANTE

Copyright © 2006 por Augusto Jorge Cury

Todos os direitos reservados.
Nenhuma parte deste livro pode ser utilizada ou reproduzida sob quaisquer meios existentes sem autorização por escrito dos editores.

preparo de originais: Regina da Veiga Pereira

revisão: Ana Grillo, José Tedin Pinto, Sérgio Bellinello Soares e Tereza da Rocha

diagramação: Valéria Teixeira

capa: Raul Fernandes

adaptação de capa: Gustavo Cardozo

impressão e acabamento: Lis Gráfica e Editora Ltda.

CIP-BRASIL. CATALOGAÇÃO NA PUBLICAÇÃO
SINDICATO NACIONAL DOS EDITORES DE LIVROS, RJ

C988s Cury, Augusto, 1958-

    Os segredos do Pai-Nosso/ Augusto Cury. Rio de Janeiro: Sextante, 2019.
    128 p.; 14 x 21 cm.

    Inclui bibliografia
    ISBN 978-85-431-0701-1

    1. Jesus Cristo – Personalidade e missão. 2. Jesus Cristo – Influência. 3. Existencialismo. 4. Jesus Cristo – Psicologia. 5. Pai-Nosso. I. Título.

19-54863

CDD 232.904
CDU 27-318:141.32

Todos os direitos reservados, no Brasil, por
GMT Editores Ltda.
Rua Voluntários da Pátria, 45 – Gr. 1.404 – Botafogo
22270-000 – Rio de Janeiro – RJ
Tel.: (21) 2538-4100 – Fax: (21) 2286-9244
E-mail: atendimento@sextante.com.br
www.sextante.com.br

Sumário

Introdução   9

Capítulo 1
O homem que proferiu a oração do *Pai-Nosso*   12

Capítulo 2
A solidão de Deus   21

Capítulo 3
A solidão gerada pela virtualidade da
consciência existencial   25

Capítulo 4
A solidão intrapsíquica e a solidão social   35

Capítulo 5
Deus não é autista   43

Capítulo 6
Pai-Nosso: um golpe mortal contra a discriminação   52

Capítulo 7
Um Pai que está nos céus: contra a superproteção   59

Capítulo 8
Santificado seja o Teu nome   69

Capítulo 9
    Venha a nós o Teu reino   81

Capítulo 10
    Seja feita a Tua vontade   86

Capítulo 11
    A vida humana transcorre no parêntese do tempo   94

Capítulo 12
A paixão de Cristo pelo prisma da psicologia   104

Capítulo 13
    Procurando o Deus desconhecido   115

Nota sobre *A sabedoria nossa de cada dia – Os segredos do Pai-Nosso 2*   124

Bibliografia   126

Sobre o autor   127

Introdução

Somos uma partícula que surge na arena da existência e logo desaparece. Apesar da pequenez do ser humano, nosso pensamento caminha na esfera da imaginação mais rápido do que a luz, e é mais fértil do que o solo mais rico. Perambulamos apreensivos durante algumas dezenas de anos em nossa breve trajetória existencial usando o aparelho psíquico para tentar desvendar o desconhecido, em especial a vida. Perguntar é nosso destino.

Sabemos muitas coisas sobre o mundo que nos cerca, escrevemos milhões de livros sobre o universo físico e biológico, mas sabemos pouquíssimo sobre nós mesmos, sobre a nossa psique. O que é pensar? Quais os limites e alcances dos pensamentos? Quem somos? O que somos? O que é existir? O que é a morte? Quais as consequências do caos do córtex cerebral enfrentado num túmulo? Quem é o Autor da existência? Deus é real, ou uma construção articulada pelo mundo das ideias? Se Deus existe, por que se esconde atrás da cortina do tempo e do espaço? Por que não mostra sua face, aliviando a inquietação dos ateus e corrigindo as rotas dos religiosos?

Embora milhões de pessoas não percebam, a oração do *Pai-Nosso* toca frontalmente em todas essas questões. Apesar de ser o texto mais recitado e conhecido da história, talvez seja o menos compreendido. Um texto aparentemente simples, mas bombástico para quem esquadrinha o que está em suas entrelinhas.

A obra *Os segredos do Pai-Nosso* se divide em duas partes, dois livros. Na primeira, que analisa o trecho da oração que se inicia com "Pai-Nosso" e termina com "Seja feita a Tua vontade assim na terra como no céu" *(Mateus 6:10)*, Jesus fala em código sobre algumas fascinantes características da personalidade de Deus, bem como sobre suas necessidades psíquicas fundamentais.

Mas Deus tem necessidades psíquicas? Sim! Afirmar isso não é uma pretensão psicológica insana? Não creio. Veremos que a análise psicológica dessa intrigante oração revela que Deus tem necessidades psíquicas, embora tal afirmação possa nos chocar e até abalar alguns pilares da religiosidade humana.

Não farei essa análise no campo teológico, pois não é esta a minha área de pesquisa. Minha especialidade é o funcionamento da mente e o desenvolvimento da inteligência. Portanto, estudaremos esse tema no terreno da psicologia, da filosofia, da psiquiatria e da sociologia. Não discorrerei sobre religião.

Na segunda parte, que se inicia com *"O pão nosso de cada dia nos dá hoje" (Mateus 6:11)*, essa complexa e enigmática oração aborda as necessidades psíquicas fundamentais dos seres humanos, assim como algumas características relevantes de sua personalidade. Evidencia que para Jesus o ser humano está doente no território da emoção e apresenta grande dificuldade em ser gestor das suas reações instintivas e dos seus pensamentos, bem como em ser líder do teatro da própria mente.

A primeira parte disseca a alma de Deus, e a segunda disseca a alma humana. Neste livro trataremos da primeira parte. Logo de início duas questões gritam muito alto: se mal conhecemos as áreas mais íntimas da nossa personalidade, não seria um delírio tentar discorrer sobre a personalidade daquele a quem chamam Deus? Se existem tantos mistérios à nossa volta, tantos fenômenos a descobrir, por que nos preocuparmos em desvendar quem somos?

Em primeiro lugar, o conteúdo da oração do *Pai-Nosso* juntamente com diversas palavras ditas por Jesus em suas biografias – os evangelhos – é que dissecam algumas características da personalidade de Deus que passaram despercebidas aos olhos da teologia. Em segundo lugar, temos uma busca incurável por nossas origens e nosso destino. Jamais o ser humano aceitará passivamente tombar no silêncio de um túmulo para nunca mais existir.

Eu fui um dos ateus mais críticos que já existiram. Mas, depois de intensa reflexão, me convenci de que não há discurso ateísta que aplaque a ansiedade inconsciente do ser humano pela compreensão da vida e pela continuidade da existência. O vácuo da inexistência imposto pela morte nos perturba profundamente. Só não se inquieta quem nunca o analisou.

Tal inquietação, longe de ser negativa, é uma fonte inesgotável que impulsiona o saber e alimenta a produção de teólogos, religiosos, filósofos, pensadores, cientistas. Sempre haverá um prazer da mente humana pelo desconhecido, pela superação das intempéries. Sempre haverá o desejo irrefreável de desvendar o Autor da existência.

Einstein também foi consumido por essa inquietação. Não se contentou em produzir conhecimento sobre a relação espaço-tempo. Queria entender Aquele que inaugurou e fundamentou os elementos da existência. Desejava perscrutar a mente de Deus.

Sócrates instigava os seus jovens discípulos com o pensamento: "Conhece a ti mesmo!" (Durant, Will, 1996). Todavia, não é possível conhecer sem perguntar. Não é possível perguntar sem duvidar. Não é possível duvidar sem experimentar ansiedade. Esse tipo de ansiedade é saudável, pois abre as janelas da inteligência e nos dá prazer nos desafios.

Na era da computação e da internet o conhecimento é oferecido pronto, um fast-food intelectual, inclusive nas universidades. Os jovens não experimentam aventura, ansiedade pelo desconhecido. Não sabem perguntar, duvidar e produzir novas ideias.

A rotina social e o consumismo entorpeceram nossa capacidade de ficar atônitos com a vida. O incomum tornou-se comum. Milhões de pessoas acordam, levantam, seguem uma agenda engessada, atormentam-se com problemas, sem nunca golpear a inteligência com a lâmina das perguntas.

Raramente alguém indaga: O que é a existência? Sou um ser humano ou uma máquina de atividades? Sou um aparelho de consumir ou um mundo a ser descoberto? Ingerimos poucas ideias e muitos produtos. Não percebemos que existir como ser consciente é o mistério dos mistérios. Não entendemos que não sabemos quase nada sobre as questões mais relevantes da existência.

A oração do *Pai-Nosso* resgata-nos do entorpecimento e nos dá um choque de lucidez. Ela oxigena a nossa mente e implode nosso conformismo. É instigadora e provocativa, uma fonte perturbadora de enigmas que nos liberta do cárcere da rotina.

Ao estudá-la neste livro, precisamos reconhecer nossa pequenez e limitações. Devemos sempre nos lembrar que somos andarilhos que vagam no traçado da existência em busca de grandes respostas no pequeno parêntese do tempo.

Capítulo 1
O homem que proferiu a oração do *Pai-Nosso*

Que mundo é este em que vivemos?

Harold Bloom, pensador e crítico literário americano, aponta a brilhante inquietação de Blaise Pascal diante dos mistérios que cercam a existência (Bloom, 2004):

> *Quando considero a brevidade da minha vida, engolida pela eternidade antes e depois, o pequeno espaço que preencho e que sou capaz de enxergar, tragado na imensidão infinita de espaços sobre os quais sou ignorante, e que não me conhecem, fico assustado e atônito por estar aqui... Quem me colocou aqui? Por ordem e instrução de quem este tempo e lugar me foram alocados?*

A brevidade da vida é espantosa, e os fenômenos que a envolvem são assombrosos. Choramos ao nascer, sem compreender o mundo em que entramos. Morremos em silêncio, sem entender o mundo de que saímos.

Quem nos colocou no anfiteatro da existência para saborear a vida e depois de alguns momentos nos fazer despedir dela como névoa que se dissipa ao calor do sol? Foram os fenômenos que surgiram do vácuo existencial? Foi o "nada" que despertou do sono de ser coisa nenhuma e resolveu vestir a roupagem dos elementos reais? Ou foi Deus, o Criador, o Autor da existência, a origem de tudo o que existe, independentemente do nome que se atribui a Ele e da religião que se usa para compreendê-lo?

Ao longo deste livro falarei das ideias dos grandes ateus. A grande maioria deles existiu por causa das loucuras praticadas pelas religiões, como a discriminação, a exclusão, as injustiças, as guerras e os massacres. Eram, na verdade, antirreligiosos, e não ateus. Meu ateísmo foi diferente. Procurando sair do superficialismo, estudei séria e criticamente a possibilidade da inexistência de Deus sob o foco da psicologia.

Falarei sobre esse assunto em diversos capítulos. Mas quero expor agora uma das conclusões.

Esforcei-me muitíssimo para eliminar Deus como possibilidade de ser o Autor da existência. Depois de inúmeras viagens intelectuais e momentos reflexivos, tive que engolir em seco e admitir que é impossível não haver Deus.

Antes da existência do mundo, de qualquer ser, de micro-organismos, galáxias, planetas, estrelas, átomos ou partículas atômicas, havia o "nada", o vácuo existencial. Em meu discurso ateísta pensei: "No princípio era o nada e o nada gerou todas as coisas."

Mas depois de inúmeras reflexões e análises, percebi que isso era impossível. O nada jamais poderá ser despertado do sono da irrealidade, pois vive o pesadelo eterno da inexistência. Nem o vácuo existencial pode ser assombrado pelo pesadelo da realidade e assumir o status dos fenômenos reais, pois é eternamente estéril. O nada e o vácuo existencial não são criativos. Só a existência pode gerar existência.

Tal abordagem leva a uma grande tese filosófica: Deus não é uma hipótese da fé, mas uma verdade científica. Se eliminarmos Deus do processo criativo, eliminamos a própria existência, retornamos ao vácuo completo, imergimos na esterilidade tirânica do nada.

Pode-se usar qualquer teoria para explicar o mundo e a natureza – do big-bang à teoria da evolução biológica –, mas nenhuma delas pode incluir o "nada" ou o "vácuo existencial" na origem. Em algum momento da cadeia de indagações, Deus – ou o nome que se queira dar a ele – tem de aparecer. Só não aparecerá se a sequência de perguntas for interrompida, seja pelo ateísmo, pelo preconceito, seja, principalmente, pela dificuldade de expandir a arte da dúvida e o mundo das ideias.

A oração do Pai-Nosso, *uma parada estratégica*

As sociedades evoluíram em muitos aspectos, em alguns estacionaram e ainda em outros involuíram. Evoluímos muito na medicina curativa e preventiva. Prolongamos a vida. Algumas populações vivem em média 80 anos. Aumentamos o tempo de vida biológico, mas como anda a vida média emocional? No meu entender, a diminuímos. Contraditório? Sim.

No passado vivia-se 40 ou 50 anos, mas sentia-se a existência como se ela se estendesse por 400 ou 500 anos. Os eventos eram suaves e lentos. Havia tempo para sentar na varanda, dialogar com os amigos, fazer coisas singelas e extrair grandes prazeres das pequenas atividades. Havia sorrisos reais nos rostos.

Hoje tudo é extremamente rápido, urgente, ansioso, angustiante. Muitos adultos sentem que dormiram e acordaram com 40, 50 ou 60 anos. Têm a impressão de que ontem eram crianças e hoje estão com cabelos grisalhos. Não encontram tempo para conviver com as pessoas que amam nem para dialogar com eles mesmos. Atualmente muitos sorrisos são disfarces.

As pessoas não têm tempo para repensar sua história e filosofar sobre a vida. Raros são os que investem em seus projetos e sonhos mais cálidos. Não sabemos fazer uma parada estratégica para corrigir nossas rotas. Às vezes me vejo preso nesta armadilha.

A oração do *Pai-Nosso* foi uma dessas excelentes paradas estratégicas de Jesus para pensar os segredos que tecem a vida e refletir sobre os seus mais importantes projetos. Ele interrompeu todas as suas atividades para discursar profundamente sobre o Autor da vida e o ser humano.

Jesus estava famosíssimo. Como muitos que atingem um sucesso estrondoso, era de se esperar que não tivesse tempo para mais nada, que fosse vítima da própria fama e tivesse se tornado uma máquina de resolver problemas.

Mas, para surpresa da psicologia, ousou refazer sua agenda para ensinar a pensar. Para espanto da filosofia, subiu a uma montanha para ver o horizonte e lá fez um excelente mergulho em seu interior, estimulando os discípulos e a multidão a serem caminhantes no insondável mundo que os tecia como seres pensantes. Foi um fascinante convite à introspecção.

O tempo parou para que ele analisasse os ditames da vida. Jesus instigou seus ouvintes a expandirem sua capacidade de observar, interiorizar, deduzir, criticar e agir. Não queria gerar servos tímidos, frágeis, submissos, mas pensadores livres que mudassem a geografia da história, pelo menos da própria história.

Nesse clima, ele ensinou a sua famosa oração. Ela é dirigida a todo ser humano, de qualquer raça, cultura, religião, mas em especial aos que têm coragem para se esvaziar e se tornar eternos aprendizes, aos que procuram a serenidade e a mansidão, aos que têm sede e fome de justiça, aos que querem construir uma nova sociedade.

Jesus quis mostrar que ninguém deve ser classificado em função de sua liderança empresarial, da fama, da capacidade intelectual ou de títulos teológicos. Demonstrou que, para conhecer Deus e a si mesmo, é necessária uma única condição: ser uma pessoa transparente, desprovida de maquiagem social.

Um simples carpinteiro deixou embasbacados homens e mulheres. O homem que entalhou madeiras usou hábeis palavras para lapidar a alma humana.

Os ângulos de análise

Antes de discorrer sobre a oração do *Pai-Nosso*, gostaria de falar sobre o homem que a proferiu. Quem foi Jesus, chamado Cristo? Qual o seu capital intelectual? Era diretor do roteiro da sua história nos focos de tensão ou vítima das circunstâncias que o envolviam?

Como um cético pesquisador da psicologia, procurei analisar detalhadamente a personalidade de Jesus. Debrucei-me sobre os textos das suas quatro clássicas biografias – os evangelhos – em várias versões.

Como toda análise biográfica, a que realizei entra no campo da subjetividade. Em *Doença mental e psicologia*, Foucault afirma que a psicologia não deve copiar das ciências naturais a objetividade excessiva nem copiar das histórias biográficas as características segmentadas (Foucault, 1998).

O grande desafio ao analisar os complexos comportamentos de Jesus relatados nos evangelhos é compreendê-los dentro do contexto. Tal pensamento está em sintonia com a Fenomenologia de Husserl (Husserl, 1980). Para Foucault e Husserl, a psicologia deve ir para o campo da observação multifocal, enxergando por vários ângulos o mesmo fenômeno.

O processo de observação e análise procura a "verdade" na relação entre os sujeitos. É como enxergar a doença com os olhos do próprio doente, enxergar o outro a partir dele mesmo. Imaginem como seria enxergar a traição de Judas com os olhos do próprio Judas, colocando-nos no lugar dele.

Vamos tomar a traição de Judas Iscariotes como exemplo. Por isolar esse ato, sem procurar compreendê-lo num contexto mais amplo, milhões de pessoas consideram esse discípulo uma pessoa violenta, desumana, indigna de ter vivido. Malham simbolicamente Judas. Como analisei as reações de Judas dentro do contexto, meu pensamento sobre ele é diferente.

Do ponto de vista psicológico, Judas foi até certa altura o melhor dos discípulos. O mais calmo, culto, o que menos envolveu Jesus em situações tensas e o que possuía maior vocação social. Mas ele tinha um grave problema: não se conhecia, não era transparente, não entrava em contato com as próprias mazelas psíquicas e, portanto, não tinha coragem e habilidade para mergulhar dentro de si e mudar suas rotas.

Raramente alguém raciocina com brilhantismo quando é frustrado. Muitos pais, maridos, esposas, filhos, colegas de trabalho, nos primeiros segundos de uma frustração, falam palavras que nunca deveriam ser ditas. Quando a frustração está ligada a traição, ela bloqueia ainda mais a inteligência e esmaga a lucidez.

Para admiração da psicologia, ao ser traído Jesus teve uma reação surpreendente. Gerenciou seus pensamentos, oxigenou sua emoção, abriu o leque da sua inteligência e corajosamente chamou Judas de amigo *(Mateus 26:50)*.

Jesus amava Judas. Depois de receber o amargo beijo da traição, deu a outra face ao discípulo, demonstrando que vivia plenamente o que pregou. É possível que essa reação não tenha sido estudada pela teologia, mas ela representa um gesto único na história.

Jesus estava perdoando Judas e lhe dando o pão da generosidade, o pão da sabedoria. Em situações inóspitas, colocou em prática a oração do *Pai-Nosso*. Foi uma pessoa de uma coerência ímpar.

Para Jesus, cada pessoa, independentemente de sua raça ou cultura, era um artista existencial. Para ser justo com um artista não se pode avaliá-lo por uma obra isolada, mas pelo conjunto de suas criações. Jesus analisou o conjunto das obras de Judas. Sabia que ele não planejara a traição durante meses. Por isso o preço que recebeu para trair seu mestre foi baixíssimo, o valor de um escravo. Um homem culto, da linhagem dos zelotes, não trairia o mais espetacular dos homens por preço tão desprezível.

Diante do pão da generosidade oferecido por Jesus, Judas arejou sua inteligência e caiu em si. Infelizmente, ao invés de usar seu erro para crescer, como fez Pedro depois de negar Jesus, foi dominado por um forte sentimento de culpa.

Sob essa ótica analítica, podemos dizer que o *evangelho segundo Judas*, há algum tempo comentado largamente na imprensa, e que o retrata como um herói que contribuiu conscientemente para levar Jesus ao sacrifício, é uma ficção. Não tem fundamento, pois é incompatível com a história psicológica do próprio Judas.

Jesus acolheu Judas, queria protegê-lo, mas Judas foi implacável consigo mesmo. Quando o sentimento de culpa é dosado, ele estimula a reflexão. Mas quando é intenso, como no caso desse discípulo, encarcera a emoção, aprisiona o eu, esmaga a autoestima. Considerando-se o último dos homens, Judas sentiu-se indigno de continuar sua história. Suicidou-se.

Ele desejava encontrar em Jesus um libertador externo, mas o Mestre queria libertar o ser humano interiormente. Judas queria dominar, Jesus queria se doar. Judas tinha sede de poder, Jesus tinha sede de amor. O discípulo decepcionou-se com o mestre. Ambos pisaram o mesmo solo, mas viveram em mundos diferentes.

A história ainda se repete. Pessoas maravilhosas dividem o mesmo espaço, mas não dividem sentimentos. Falam sobre tudo, mas não sobre si mesmas. Admiram-se, mas são estranhas umas para as outras. O desprendido Jesus tentou abraçar seu discípulo, mas ele não o permitiu no momento mais ardente da sua história.

Eterna busca da verdade

Durante minha trajetória de investigação da personalidade de Jesus, esperava encontrar uma pessoa imaginária, de ideias menores, ou um herói religioso pífio, fabricado na mente de alguns galileus. Mas fiquei deslumbrado com esse homem. Descobri que é simplesmente impossível que o intelecto humano o tenha construído.

O resultado dessa investigação foi a coleção *Análise da Inteligência de Cristo*, hoje publicada em dezenas de países, utilizada em universidades e usada pelas mais diversas religiões, inclusive não-cristãs.

Escrevi mais de mil páginas. Parece uma grande produção, mas na realidade é muito pouco para dissecar o complexo teatro intelectual do homem que incendiou a história. Jamais analisei alguém cujas ideias fossem tão sintéticas e ao mesmo tempo tão abrangentes e cercadas de implicações e enigmas.

Jesus superava o cárcere do medo e conseguia relaxar em situações extremamente tensas. Pensava antes de reagir em ambientes onde qualquer intelectual reagiria por instinto. Tinha habilidade para fazer um brinde à vida quando o mundo desabava sobre ele. O mundo comemora com festas seu nascimento, mas desconhece sua fascinante inteligência.

Analisar a grandeza intelectual de Jesus me fez enxergar minha pequenez. Que homem é esse que investe tudo o que tem no ser humano, mesmo quando este o decepciona ao máximo? Que inteligência é essa que, no meio de tantas atividades, é capaz de deter-se diante de uma flor e fazer dela um espetáculo para os olhos?

Que personalidade é essa que teve a coragem de exaltar prostitutas e dizer que elas precederiam no reino dos céus renomados religiosos de conduta aparentemente ilibada? Sua sensibilidade era provocadora. Ele conseguia enxergar os seres humanos através de seus próprios olhos, como nenhum psiquiatra jamais fez. Era capaz de abraçar um leproso e tratar as feridas do desprezo e da alienação social sem que o doente o pedisse. Era impossível ficar ao seu lado sem derrubar preconceitos e refazer paradigmas sociais.

O resultado de todo o seu ensinamento foi excepcional. Como artífice da psique, elevou o padrão da humanidade de seus discípulos, levando-os a aprender, em primeiro lugar, que *o ser humano que erra é mais importante do que os erros que comete*. Em segundo, que *a solidariedade só existe quando temos o direito de recomeçar tudo após falharmos e quando damos este mesmo direito às pessoas que nos frustram*. Em terceiro lugar, que *só há liberdade plena em um lugar – dentro de nós mesmos –, e somos livres apenas quando a encontramos*.

A oração do Pai-Nosso: tão calma e tão incendiária

Respeito todo e qualquer tipo de crença e religião, mas, como disse, não discorrerei sobre religião. A única defesa que farei é de uma mente livre para debater as ideias. Quando a fé inicia, a ciência se cala. A fé transcende a lógica, é uma convicção em que a dúvida está ausente. Por sua vez, a ciência emerge da dúvida. Quanto maior for a capacidade de duvidar e de questionar um fenômeno, maior será o processo de observação e investigação. Maior a arquitetura da resposta.

Se por um lado Jesus discorria sobre a fé, por outro nos deixava boquiabertos com sua capacidade de polir a arte de pensar. Suas parábolas inauguraram novas possibilidades para o mundo das ideias. Lapidava o intelecto dos seus ouvintes como um escultor que fere o mármore em busca da sua obra-prima.

Jesus era muito mais do que um propagador da fé. Era um incendiário da inteligência. Qualquer ateu que o investigar sem preconceito, ainda que não se torne religioso, terá de curvar-se diante da sua sabedoria.

Analisarei a oração do *Pai-Nosso* sob os mesmos ângulos usados na coleção *Análise da Inteligência de Cristo*. Essa oração é uma caixa de enigmas. Revela, inclusive, princípios para estabelecer a viabilidade da espécie humana dilacerada pela intolerância religiosa, pelas discriminações, pela competição predatória, pelos transtornos psíquicos e sociais.

O ambiente era épico. Ali Jesus proferiu talvez seu mais notável discurso, o Sermão da Montanha. O ambiente era propício para que as palavras ganhassem sonoridade. As rajadas de vento revolviam os cabelos dos ouvintes e libertavam o imaginário. O silêncio era uma sinfonia.

Antes e durante a proclamação do seu brilhante discurso, o Mestre dos Mestres talvez tenha contemplado Jerusalém, a mais célebre das cidades, que se encontrava a algumas centenas de metros à sua frente. Jerusalém, palco de eternas disputas, teatro de alegria e dor, se tornaria capital das três grandes religiões monoteístas: o judaísmo, o islamismo e o cristianismo.

Se essas religiões vivessem minimamente o conteúdo da oração do

Pai-Nosso, haveria júbilo, e não choro, paz, e não guerras, requinte de lucidez, e não loucuras. Como o mais pujante dos oradores, o homem Jesus elevou sua voz. Suas palavras penetraram no mais íntimo dos que o ouviam como a lâmina de um cirurgião que disseca os tecidos secretos. No meio do seu discurso, respirou profundamente, fez uma pausa serena e ensinou sua magna oração, criando uma plataforma para que a humanidade tivesse um diálogo íntimo, translúcido e aberto com o misterioso Autor da existência. Ele bradou em voz bem alta:

Pai Nosso
Que estás nos céus,
Santificado seja o Teu nome,
Venha a nós o Teu reino,
Seja feita a Tua vontade,
Assim na terra como no céu,
O pão nosso de cada dia nos dá hoje,
Perdoa as nossas ofensas,
Assim como temos perdoado a quem nos tem ofendido,
E não nos deixes cair em tentação,
Mas livra-nos do mal. (Mateus 6:9)

O *Pai-Nosso* é uma caixa de segredos. É preciso abri-la. Com as palavras dessa oração Jesus procurava emancipar as mentes, libertar a emoção. Nela, nenhum miserável foi excluído, nenhum errante foi rechaçado, nenhum sacrifício foi pedido, nenhum dogma proclamado, nenhuma lei estabelecida.

Seus enigmas fascinantes são capazes de expandir o potencial humano não apenas no campo da espiritualidade, mas também no terreno da saúde psíquica, das relações sociais, da superação de conflitos, da educação, do desenvolvimento da inteligência e do resgate da liderança do eu. São implicações surpreendentes.

A oração do *Pai-Nosso* rima nos extremos: é singela e complexa, calma e incendiária, inofensiva e desafiadora. Jamais palavras simples tiveram tanta profundidade. Jamais um texto tão pequeno foi tão revolucionário.

Capítulo 2

A solidão de Deus

A oração do Pai-Nosso: o grito da solidão de Deus

A análise da primeira palavra da oração de Jesus expressa um grito que ecoa além dos limites do espaço e do tempo. Ao começar a ensinar o mais excelente diálogo entre o ser humano e o Autor da existência, o Mestre dos Mestres usou a palavra *Pai*. Essa pequena palavra contém alguns segredos importantíssimos. O primeiro segredo entra frontalmente na esfera da psicologia e da sociologia: *Deus possui uma intensa e dramática solidão!*

O Deus que aparece no discurso de Jesus é um pai que possui um rombo emocional que não pode ser solucionado com nenhum artifício, nenhum tipo de poder, servidão ou adoração. A carência afetiva desse complexo Pai só pode ser resolvida se tiver filhos com uma personalidade tão complexa quanto a sua e que sejam capazes de interagir com Ele e construir uma rede de relacionamentos.

Jesus não disse "Deus Nosso que estás no céu", ou "Criador Nosso", ou "Todo-Poderoso Nosso". É significativo que tenha dito "Pai Nosso". A palavra *pai* indica necessariamente a existência de uma relação íntima entre o que gera e os que são gerados. Implica a identidade essencial entre as partes, uma troca de experiências, um cruzamento de mundos.

Não gosto da expressão "filhos adotivos", pois ela carrega estigmas e inverdades psicológicas. Mesmo que os pais não sejam biológicos, que não exista a transmissão da carga genética, o processo de formação da personalidade dos filhos contém um número suficiente de variáveis para que os pais não-biológicos se tornem pais psicológicos.

Não há filhos nem pais adotivos. Se as histórias se cruzam, se existe uma trama de relacionamentos rica e contínua, eles se tornam filhos e pais psicológicos. Por outro lado, quando o relacionamento entre pais e filhos biológicos é distante, frio e desprovido de afeto, quando a participação no processo de interação e formação da personalidade é insuficiente, eles se tornam pobres pais e pobres filhos psicológicos. Dividem o mesmo espaço físico, mas não a mesma história.

A oração do *Pai-Nosso* reflete o clamor do ser mais misterioso deste universo procurando uma relação íntima e aberta com a humanidade. Pode haver um Deus sem filhos e um Criador sem filhos, cercado apenas por suas criaturas, mas não existe um pai sem filhos. Pode haver um rei, um presidente, um multimilionário rodeados de serviçais e bajuladores, mas é impossível haver um pai sem filhos.

O primeiro segredo assombroso da oração do *Pai-Nosso* é que Deus pode ser mais poderoso do que qualquer religião jamais imaginou, mas é um Deus solitário e como pai Ele é incompleto. Deus pode ser indecifravelmente perfeito e insondavelmente grandioso, mas na condição de pai falta-lhe algo. É como se Ele tivesse criado o teatro da existência com bilhões de galáxias, porque procura intensamente algo.

Muitos teólogos e filósofos debateram sobre Deus. Alguns afirmaram que Deus é onipotente; outros, onipresente; e ainda outros, onisciente. Mas nenhum deles descobriu que a oração do *Pai-Nosso* discorre não sobre o Deus todo-poderoso, mas sobre o Deus carente.

Ao se posicionar como Pai, Deus bradou que precisa de filhos. Mostrou que é vítima da mais complexa e poética solidão. Ele pode apreciar a existência de bilhões de planetas, pode admirar milhões de espécies da natureza, mas tem uma dramática necessidade psíquica de se relacionar e construir laços afetivos com filhos.

Inúmeras pessoas tiveram medo de Deus ao longo da história. Outras se prostraram diante Dele mostrando espantosa reverência, e ainda outras, envolvidas na colcha de retalhos das próprias dúvidas, bradaram: "Deus não existe!"

Observando e analisando todos esses comportamentos, não há como negar que, ao longo da história, Deus tirou o sono de bilhões de pessoas, tanto de religiosos como de ateus. Ainda hoje Ele inquieta a mente humana mais do que qualquer outro fenômeno. Mas o ser humano também inquieta a mente desse enigmático Pai mais do que qualquer outra coisa.

Por estranho que seja, o Deus todo-poderoso necessita escrever nas tábuas do seu ser a poesia que se inicia com essas palavras: "Eu preciso do ser humano."

Os pais dependem dos filhos?

Os seres humanos de todas as culturas e religiões sempre tiveram a tendência de se colocar numa posição de desigualdade em relação a Deus. Deus é imortal, o ser humano é mortal. Deus é imbatível, o ser humano é frágil e inseguro.

Carl Jung comentou sobre as imagens construídas no inconsciente coletivo (Jung, 1961). Quanto menos se conhece alguém, mais corremos o risco de construir a sua imagem de maneira distorcida, aumentando-a ou diminuindo-a. Através desse mecanismo, muitos carrascos viraram heróis ao longo da história, e muitos heróis se transformaram em carrascos na mente das futuras gerações. Preenchemos a falta de elementos que definem a personalidade de uma pessoa com fantasias, imaginações, superstições.

Por nunca terem visto, tocado e se relacionado com Deus sem barreiras e distâncias, as pessoas das mais diversas culturas e religiões construíram no inconsciente coletivo uma imagem do Criador. Uma característica comum na construção dessa imagem em todas as religiões, incluindo as cristãs, é que Ele é intocável, incompreensível, desprovido de necessidades. No entanto, a oração do *Pai-Nosso* mostra um Deus que possui uma fascinante necessidade psíquica. A necessidade de superar sua solidão.

A parada estratégica de Jesus no Sermão da Montanha procurava abrir os olhos da humanidade. Para o inteligente homem de Nazaré, Deus não quer que os seres humanos tremam em Sua presença, mas que tenham intimidade com Ele. Não quer mostrar poder, mas sensibilidade. Não quer controlá-los, mas fomentar sua liberdade.

Certa vez um milionário chorou intensamente em meu consultório. Era invejado financeiramente e cortejado socialmente. Tinha tudo, mas se sentia um miserável. Por quê? Porque não possuía o amor dos seus filhos. Eles conheciam o saldo bancário do pai, mas não conheciam seus sentimentos. Sabiam explorá-lo, mas não amá-lo. Jamais lhe perguntavam sobre seus sonhos, preocupações e decepções. O pai era uma máquina para satisfazer-lhes os desejos, tal como é Deus para muitos seres humanos. Esse pai que me falava do seu sofrimento estava convicto de que, se um dia perdesse a fortuna, perderia seus filhos.

Uma parte significativa da humanidade reage assim. Exploram

Deus, mas não se importam com seus sentimentos. Discorrem sobre Deus, mas não percebem que Ele possui uma personalidade real e concreta. Para eles, Deus é desprovido de necessidades psíquicas, é um pai que não precisa de diálogo.

Segundo Jesus, o Deus que se esconde atrás da cortina do tempo e do espaço não é um Deus temível, mas um Pai sensível. Não é um Deus autossuficiente, mas um Pai solitário. Não é um Deus que imprime culpa e controla comportamentos, mas um Pai apaixonado que deseja ardentemente ser conhecido e criar vínculos de amor. É certamente um Deus muito diferente do que foi proclamado em milhares de anos de história.

As pessoas decoraram a oração ensinada por Jesus sem analisar seus mistérios, sem lubrificar os olhos com o colírio filosófico e psicológico contido em seu texto. A oração do *Pai-Nosso* implode temores e provoca amores.

A solidão movimenta a psique

Temos a tendência superficial de achar que a solidão é uma característica doentia da personalidade. No entanto, a solidão é uma das mais importantes e saudáveis características da personalidade humana. Ela só assume formas doentias quando não é superada, provocando isolamento, insegurança, timidez, fobia social, sentimento de inferioridade, reações depressivas, preocupação neurótica com o que os outros pensam e falam de nós, necessidade doentia de controle, obsessão insana pelo poder.

Em seu aspecto positivo, a solidão é a mola mestra que movimenta, consciente e inconscientemente, as construções intelectuais. Quando usada de forma construtiva, ela estimula as relações sociais, retira-nos do individualismo, cultiva a solidariedade, excita a tolerância, realça o poder criativo. A solidão pode nos levar à interiorização, à reflexão existencial e à correção de rotas de vida.

Há três grandes tipos de solidão que fazem parte da natureza psíquica de qualquer ser humano. A primeira é inconsciente, enquanto que as outras duas podem se manifestar conscientemente:

1. A solidão gerada pela virtualidade da consciência existencial.
2. A solidão intrapsíquica.
3. A solidão social.

Vamos examinar sinteticamente esses três tipos de solidão. A primeira, que é inconsciente, é a fonte das duas outras. Ou seja, a natureza virtual da consciência existencial contribui para gerar inconscientemente a solidão intrapsíquica e a solidão social. Sei que esse assunto é extremamente complexo, mas procurarei abordá-lo de maneira simples. Dentro das minhas limitações intelectuais, digo que esses três tipos de solidão não atingem apenas a psique humana. Vamos ver como eles atingem frontalmente a psique do Autor da existência.

Parece um delírio psicológico e filosófico discorrer sobre a mente de Deus, se mal conheço as entranhas inconscientes e conscientes da minha própria mente. Mas, em meu entendimento, acredito que sem esses três tipos de solidão seria provavelmente impossível tanto para Deus quanto para o ser humano envolverem-se numa empreitada de criatividade e de construção de uma trama de relacionamentos sociais, bem como de relacionamentos com eles mesmos.

É provável que, se esses três tipos de solidão não fizessem parte da personalidade do Criador, não haveria nenhum compromisso desse enigmático e misterioso Deus com a humanidade. Seríamos uma experiência laboratorial logo descartada. Um brinquedo construído por Ele para se divertir no tempo, e que logo O entediaria, ainda que esse "logo" pudesse durar milhares ou milhões de anos. Uma vez entediado, o Autor da existência nos jogaria na sua lixeira eterna.

Felizmente a oração do *Pai-Nosso* aponta fortemente em outra direção.

Capítulo 3

A solidão gerada pela virtualidade da consciência existencial

O primeiro tipo de solidão é o mais difícil de ser compreendido. É também o mais chocante, capaz de abalar nossos preconceitos e romper paradigmas que sustentam nossa compreensão sobre a vida e a existência.

Peço que o leitor se debruce pacientemente sobre este texto. Mesmo sem compreender alguns fenômenos sobre os quais discorrerei, é possível extrair algumas pérolas para entender minimamente quem somos e por que somos tão complexos e complicados.

Quais são essas pérolas? A compreensão de por que sofremos pelo futuro que ainda não aconteceu, por que nos atormentamos por pequenas coisas e construímos incessantemente imagens e pensamentos no palco da inteligência. O entendimento das razões que fazem com que problemas menores se tornem monstros e diminutos atritos rompam belíssimas relações. O porquê de nos transformarmos em carrascos de nós mesmos ou dos outros e de interpretarmos superficialmente nossos comportamentos e os alheios.

Por estudar a construção e a natureza dos pensamentos, este assunto, a meu ver, envolve a última fronteira da ciência.

Nossos pensamentos conscientes geram a consciência existencial. Diariamente produzimos milhares de pensamentos que constroem os mais variados tipos dessa consciência. A consciência sobre gestos, expectativas, atitudes, reações dos outros, trabalhos, metas, projetos, estados emocionais, desejos, impulsos. A consciência de onde estamos, como estamos e o que somos.

A consciência existencial é o fenômeno mais espetacular e incompreensível da psique. Toda produção de conhecimento é fruto dela. Sem a consciência existencial não haveria ciência, literatura, relações sociais, identidade da personalidade. Seríamos átomos errantes, animais que perambulam pelo traçado da existência sem ter percepção da própria história e sem capacidade para construí-la.

Ao longo de mais de 20 anos de pesquisa sobre o processo de construção de pensamentos, fiquei impressionado ao constatar que o pensamento para construir ciência, relações sociais e autoconhecimento não é essencialmente real, mas virtual – não existe como realidade concreta. Eis a grande questão.

Através dessa consciência sabemos que somos seres únicos no teatro da vida, que não há duas pessoas iguais a nós na massa da humanidade. Entretanto, apesar de ser tão fantástica, ela é irreal em si mesma – é virtual –, e como tal jamais atinge a realidade.

Por ser virtual, cria-se um tremendo paradoxo intelectual. Não temos a realidade do mundo que conscientizamos, mas ao mesmo tempo podemos construí-lo imaginariamente com espantosa liberdade. Somos prisioneiros da virtualidade, mas ao mesmo tempo somos livres para pensar.

Muitos filósofos, psicólogos, psicopedagogos nunca se deram conta de que a virtualidade da consciência existencial nos permitiu dar saltos sem precedentes rumo à imaginação. Podemos pensar no amanhã sem que ele exista. Podemos pensar no passado ainda que ele seja irretornável. Podemos pensar nos confins do universo ainda que jamais pisemos lá. Podemos imaginar milhares de pessoas em nossa mente sem entrar em contato com nenhuma delas.

Se a consciência existencial fosse real, e não virtual, seria completamente limitada. Por quê? Porque teríamos de ter a realidade essencial de tudo aquilo de que nos conscientizamos. Teríamos de ter a essência dos átomos quando falamos deles, teríamos de possuir a essência da tinta dos quadros de pintura quando os descrevemos.

Como a consciência é virtual, podemos construir imagens mentais sem a necessidade de ter a realidade dos fenômenos sobre os quais discorremos. Podemos falar sobre a namorada, a esposa, os filhos, os colegas de trabalho, sem tocar a essência da personalidade deles.

Tudo o que estou dizendo aqui é para ajudar a entender melhor o primeiro segredo da oração do *Pai-Nosso*. Jesus colocou Deus como Pai. Isso significa que o Altíssimo possui uma necessidade psíquica inimaginável, uma enorme sede de relacionamento.

Gostaria, antes de discorrer sobre o intelecto de Deus, de falar sobre sua origem, um assunto que perturba a minha mente.

Qual a origem de Deus?

Segundo alguns textos bíblicos, Deus não tem origem. Ele é o único fenômeno que não teve início, nunca nasceu. Deus não teve princípio de dias nem terá fim de existência. Para Moisés, Ele se autoproclamou de um modo inexplicável, apresentou-se não pelo verbo existir, mas pelo verbo ser: *Eu sou*. Demonstrou que sua natureza intrínseca é a realidade do verbo *ser* em todas as suas conjugações. Ele foi e sempre será. Ele era, é e será *(Apocalipse 4:8)*.

Num capítulo anterior comentei que o "nada" não pode engravidar a "existência". Só a existência pode gerar existência. Só algo autoexistente pode ser a fonte de todos os inícios. Mas que mente consegue compreender esse fenômeno? Que intelecto pode alcançá-lo?

Já pensei muito nesse assunto e, quanto mais pensei, mais confuso fiquei. Nossa inteligência temporal só consegue entender algo que tem origem e fim, porque desde a vida fetal ela foi confeccionada com esses parâmetros. O sol nasce e se põe, um avião decola e chega ao destino, um raio de luz é emanado e atinge um alvo, um pensamento constrói-se e se dissipa.

A vida nasce e morre. Aliás, morremos um pouco a cada dia. Nossa existência transcorre num breve soluço do tempo. Todas as nossas conquistas, lutas, empreendimentos, orgulho, coragem, força, capacidade se esfacelam numa brevíssima existência. Mas a psique de Deus transcende o tempo, vai de eternidade a eternidade. Tomando esse fato bíblico como verdadeiro, ainda que não possamos explicá-lo, abro o meu questionamento.

Como se desenrolou a psique de Deus em toda a eternidade passada? Deus também possui uma consciência existencial virtual? Ele também produz incontáveis imagens mentais, pensamentos e ideias num processo livre e contínuo? Ele vivenciou uma eterna solidão? Se vivenciou, como a superou?

Alguns talvez esbravejem ante minha ousadia, exclamando: "Você está humanizando Deus!", "Isto é loucura! Nenhum ser humano jamais arranhará qualquer resposta!".

Respondo que, em primeiro lugar, quem "humanizou" ou aproximou a personalidade de Deus da humana foi o próprio Jesus na oração do *Pai-Nosso*. Ele o chamou de Pai, e não de Criador ou de qualquer outro nome.

Em segundo lugar, um pai só consegue ter um relacionamento profundo e saudável com seus filhos se eles se conhecem mutuamente, se têm coragem de estabelecer um diálogo aberto e transparente, e intimidade para compartilhar as maiores frustrações e tristezas, bem como alegrias e projetos. Portanto, se Jesus iniciou sua oração dizendo que o Autor da existência é acima de tudo um Pai, conclui-se que Deus deseja ser conhecido, investigado e perscrutado.

Uma das coisas que mais amo na relação com minhas três filhas não é que me obedeçam ou se alegrem com os presentes que lhes dou.

Eu as amo sobretudo quando me questionam, perguntam sobre meus sentimentos, penetram nos meus sonhos e nas minhas inquietações.

Em terceiro lugar, estudaremos ao longo dos capítulos deste livro que Deus deseja que seu nome seja santificado, honrado, valorizado. Nada tão humano! Em quarto lugar, na sintética oração do *Pai-Nosso* observamos que Deus quer que sua vontade seja realizada tanto na terra quanto no céu. Além disso, há nela uma referência ao *pão nosso diário*, o pão que nutre o corpo, supre a inteligência e alimenta o espírito humano. Todas essas coisas são essencialmente ligadas à nossa humanidade.

Tudo isso indica que o Deus Todo-Poderoso descrito por Jesus é mais parecido com o ser humano do que imaginamos, ou que nós somos mais parecidos com Ele do que supomos. Esses argumentos preparam uma base para que eu continue com humildade, mas sem abandonar a ousadia, minha trajetória de investigação. Nessa trajetória, não consigo deixar de me perguntar como Deus sobreviveu emocionalmente na eternidade passada. A eternidade foi uma prisão insuportável ou um manancial de prazer?

Preciso discorrer sobre outros importantes assuntos antes de tentar construir uma resposta. Mas precisamos ter em mente que cada resposta é o começo de novas perguntas. Não existe resposta completa na psicologia, na filosofia e talvez em nenhuma outra área do conhecimento.

Um espaço intransponível entre nós e o mundo

Para fazer algumas inferências sobre a mente de Deus, vamos examinar como funciona a dos seres humanos.

Um psiquiatra ou psicólogo pode se conscientizar dos transtornos do seu paciente, mas jamais penetrará na psique deles, jamais atingirá a essência intrínseca dos seus medos, da depressão, da obsessão, da psicose. Toda conscientização é um sistema de interpretação.

Se os profissionais da saúde mental não aprenderem a interpretar bem os conflitos dos seus pacientes, se não se colocarem no lugar deles, o conhecimento que produzirão será muito distorcido, contaminado, gerando graves erros.

A consciência virtual nos aproxima dos outros se a interpretação for criteriosa e lúcida, ou nos afasta deles se for preconceituosa. Não possuímos a realidade essencial das pessoas que nos circundam, embora possamos discorrer sobre elas. Não possuímos nem mesmo nossa própria realidade. Tudo o que pensamos a nosso respeito não é a realidade essencial do que somos, mas um sistema de interpretação que tenta nos definir, nos conceituar, nos entender.

Essas interpretações podem nos asfixiar ou libertar. Muitas pessoas se diminuem, se desvalorizam, se acham intelectualmente incapazes e afetivamente carentes. Transformam-se em algozes delas mesmas. Em contrapartida, há aqueles que, ao se avaliarem, supervalorizam-se, acham-se deuses, querem dominar e controlar quem se encontra ao redor. Tornam-se carrascos dos outros.

Muitos ditadores, psicopatas e líderes políticos cometeram atrocidades porque deram ao pensamento consciente um crédito que ele nunca teve. Não entenderam que o pensamento é irreal, que pensar é interpretar, e interpretar é passível de inúmeras distorções maiores ou menores, dependendo do exercício da sabedoria.

Se as interpretações forem contaminadas, seremos capazes de cometer injustiças, de discriminar, julgar, excluir. Judeus e árabes vivem num eterno conflito, sem nunca terem analisado a natureza virtual dos pensamentos, sem compreenderem que não se trata de dois povos distintos, mas de membros da mesma espécie humana, cujas ideias não são essencialmente verdadeiras, mas virtuais.

Por ser virtual, o teatro da mente humana é capaz de criar inimigos colossais que nunca foram inimigos. Palestinos e judeus possuem as mesmas necessidades e precisam por isso superar sua solidão, ser abraçados, respeitados, amados.

Quem entende esse processo aprende que os fortes compreendem e os fracos julgam. Descobre que os fortes acolhem e perdoam, mas os fracos condenam e excluem. Somos uma espécie pouco complacente porque nunca entendemos a natureza e os limites do processo de construção dos pensamentos.

Somos livres para pensar sobre o mundo que somos e em que estamos, mas não compreendemos como é fácil criar monstros no universo virtual de nossas mentes. Uma barata pode virar uma terrível ameaça, uma reação de desprezo pode se tornar uma fonte de ódio, uma decepção é capaz de gerar uma fobia social e um pavor de expor-se publicamente.

Como é fácil alimentar o ciclo da violência! Mesmo nas universidades existem supostos intelectuais que são predadores da liberdade dos outros. Perseguem seus pares e têm medo da competição, pois amam ser estrelas.

O que poderíamos dizer então sobre a mente de Deus? Ele tem os limites de interpretação que nós temos? O teatro da sua mente também é virtual? Ele comete distorções ao observar os comportamentos humanos como normalmente cometemos? Ele contamina seu julgamento com preconceitos como facilmente fazemos?

Penso que Deus tem um teatro intelectual virtual, pois isso faz parte inerente da consciência existencial. Caso contrário, ela não seria livre para imaginar. Entretanto, de acordo com a descrição de Jesus, é possível inferir que Deus possui vantagens enormes sobre a mente humana. Citarei apenas duas.

Primeiro, embora tenha uma consciência virtual completamente livre para imaginar, criar e construir, Deus possui também o poder de transformar o virtual em real. Talvez entre aqui o seu papel enigmático de Criador.

Nós não transformamos nossos pensamentos e fantasias em algo concreto, a não ser com planejamento e complexo trabalho motor. Um projeto pode demorar anos para ser realizado. Deus, ao que tudo indica, faz o que quer, quando quer, do jeito que quer, bastando liberar sua imaginação e seu desejo. Loucura? Para a ciência, sim. Mas Jesus indica que seu Pai não precisa dos princípios da ciência.

Em segundo lugar, Deus atinge a realidade essencial da nossa psique. Ele toca o inatingível. No salmo 139 existe um comentário complexo: "Senhor, Tu me perscrutas e me conheces. Sabes quando me deito e me levanto; de longe penetras os meus pensamentos."

O rei Davi, num momento de inspiração, afirmou que Deus possui algo impossível de ser alcançado pela inteligência humana. Ele constrói nossos comportamentos no seu imaginário, mas, se desejar, tem meios para penetrar na psique, penetrar no processo de construção dos pensamentos e analisar o que está por trás dos bastidores de nossas reações externas.

O Deus anunciado em prosa e verso por Jesus consegue penetrar em áreas que os psiquiatras e psicólogos jamais conseguirão atingir. Ele tem capacidade para perscrutar a natureza intrínseca de nossas intenções e emoções. Isso poderia transformá-lo num invasor de nossa privacidade, destruidor da nossa liberdade. Se os seres humanos tivessem essa habilidade, nossa espécie humana já teria sido extinta.

Entretanto, Deus é um Pai e, como veremos, não usa essa capacidade para controlar o ser humano, mas para promovê-lo em seus aspectos mais amplos. Além disso, essa habilidade O torna extremamente compreensivo, tolerante e cheio de compaixão. É difícil explicar, mas essa arte de compreensão e tolerância refletia-se amplamente na personalidade de Jesus.

Cristo dizia que não viera para julgar ninguém, nem mesmo os débeis, os insanos e superficiais, mas para entender, apoiar e incentivar. Era capaz de ver um tesouro na psique de um coletor de impostos corrupto, de descobrir doçura no gesto comprometedor de uma prostituta que chorava aos seus pés *(Lucas 7:37 a 50)*. Era hábil para ser gentil com um fariseu que o julgava. Para ele, cada ser humano era uma estrela única no teatro da vida. Jesus parecia enxergar o invisível.

A mais insidiosa solidão

Nunca é demais enfatizar que existe um espaço intransponível entre o que pensamos e o mundo exterior em que vivemos, assim como também existe um antiespaço entre o que pensamos e o que realmente somos. Além das distorções da interpretação, quais são as outras consequências ou implicações do fato de a consciência existencial ser virtual?

A maior delas é a criação de uma atmosfera de solidão que gera uma necessidade irrefreável de produzir ininterruptamente pensamentos, imagens mentais, fantasias e ideias para alcançar a realidade do mundo exterior e interior, uma realidade nunca alcançada. Não paramos de pensar nos problemas, nas situações do amanhã, nas experiências passadas, nos sonhos e nas pessoas mais próximas.

A virtualidade da consciência liberta nossa mente, rompe o claustro da nossa psique e nos transforma numa incessante usina de construções intelectuais. Mesmo quando dormimos não conseguimos parar de pensar e criar. Todos nós sonhamos, ainda que não consigamos resgatar esses sonhos.

Quem consegue sufocar essa usina? Ninguém! Podemos desacelerar a produção de pensamentos através de técnicas, como a meditação, mas não podemos interrompê-la. Até a tentativa de interrupção já é em si um pensamento.

Pensar não é uma opção do ser humano, mas seu destino inevitável. Um destino espontâneo gerado pelo espetáculo mais complexo da inteligência – a consciência existencial. Não tenho palavras para descrever esse processo, de tanto que ele é sofisticado. A consciência existencial gera uma explosão de liberdade que nos faz compreender e abraçar o mundo.

É ela que alicerça em último estágio a produção de cientistas, pensadores, professores, alunos, artistas, místicos, religiosos, amantes, amigos, inimigos. É ela que gera a curiosidade, a procura, os desafios. Ela é a ponte que estabelece o cruzamento da história de um ser humano com outro, e deles com Deus, independentemente da religião que se abraça. A própria oração do *Pai-Nosso* parece emanar da consciência existencial de Deus.

Se não houvesse a consciência existencial, não existiria uma solidão intrínseca e inconsciente que faz o teatro da nossa mente ser tão livre, rico, plástico, criativo. Não existiria o imaginário. Viveríamos isolados, encarcerados dentro de nós mesmos, sem jamais saber quem somos, onde estamos e o que queremos.

Não haveria sociedades sofisticadas. Nossa espécie não teria sobrevivido, pois, diferentemente dos animais, temos baixo instinto de preservação da espécie. A preservação da espécie nos humanos depende pouquíssimo da carga genética e muito do processo educacional. Como nosso aprendizado é superficial, estamos nos matando e destruindo o meio ambiente.

Deus tem a solidão gerada pela consciência virtual? Embora os textos bíblicos afirmem que Deus tem capacidade de transformar os pensamentos virtuais em fatos concretos, de transformar seu imaginário em fenômenos reais, de transformar o virtual em real, penso que Ele também sofreu consequências insondáveis geradas pela consciência existencial virtual.

Retornando ao grande tema: se Deus é eterno, se seus dias não têm princípio, como se desenrolou sua história durante toda a eternidade até se colocar como um Pai em busca de uma rede de relacionamentos com os filhos? O poder e a imortalidade são positivos ou negativos? Realçam o júbilo ou estrangulam a emoção? Essas são grandes questões para se refletir.

Muitos querem um poder semelhante ao do Deus descrito nas Escrituras do Novo e do Antigo Testamento, no Alcorão e na Torá. Querem ser eternos e imortais. Entretanto, jamais analisaram que a eternidade pode gerar um gravíssimo e insuportável transtorno psíquico.

Inúmeros presidiários planejam sua fuga a vida toda. Querem escapar da angústia gerada pela solidão. Desejam esmagar a rotina existencial e ter um lugar ao sol onde possam sonhar, oxigenar sua emoção e irrigar sua liberdade.

Usando esse exemplo, podemos inferir que, se a imortalidade não fosse acompanhada de um processo riquíssimo de superação da solidão, ela poderia ser mais sufocante do que a mais deprimente cela carcerária. Seria uma prisão eterna, capaz de gerar a mais grave e crônica depressão.

Se Deus não tivesse superado essa insidiosa e penetrante solidão, a eternidade seria uma angustiante masmorra, um canteiro de sofrimento, uma história irrigada por uma mesmice insuportável.

A solidão da consciência virtual, que faz parte da natureza psíquica humana e deve fazer parte da natureza da mente de Deus, é uma das áreas mais complexas a serem investigadas, é o ponto máximo de encontro entre a psicologia e a filosofia.

Essa solidão é muitas vezes inconsciente, imperceptível para os humanos. Mas, como já disse antes, ela gera dois tipos de solidão perceptíveis: a solidão intrapsíquica e a solidão social. Quem supera esses dois tipos de solidão vive uma existência riquíssima e desenvolve uma personalidade saturada de prazer e inventividade. Vamos ver como isso acontece.

Capítulo 4

A solidão intrapsíquica e a solidão social

A solidão intrapsíquica

Antes de entrar mais profundamente na solidão intrapsíquica revelada subliminarmente na oração do *Pai-Nosso*, vou fazer uma pausa para defini-la e comentar como ela atinge e controla a vida de bilhões de pessoas deste belo planeta azul.

A solidão intrapsíquica é definida pela necessidade irrefreável de todo ser consciente de relacionar-se consigo mesmo. Ela estimula o autoconhecimento, as viagens interiores, a introspecção, a reflexão, a meditação, a correção de rotas, a superação de conflitos.

Essa solidão nos estimula a ter um rico diálogo com nós mesmos, a fazer uma mesa-redonda com nossos temores, perdas, frustrações, sonhos, projetos de vida. Ela propicia, portanto, um excelente caminho para promover a saúde emocional e mental como um todo. Através dela podemos educar nossa capacidade de pensar antes de reagir.

Mas quem faz essas viagens interiores? Quem é treinado a dialogar consigo mesmo e a ter poéticos encontros com seu próprio ser? As sociedades modernas se transformaram em sociedades de autoabandonados. Até pessoas cultas não sabem dialogar consigo mesmas. Grandes conferencistas sabem conversar com o público, mas raramente voltam-se para dentro de si. Como não adoecer?

O sistema educacional, embora constituído de professores que são poetas da inteligência, está gerando sociedades doentes. Esse sistema nos ensina a conhecer dos elétrons às estrelas, mas nos emudece diante do nosso ser. Vivemos a síndrome da exteriorização existencial. Temos dificuldade de introspecção, observação, reflexão e dedução.

Estudamos e discutimos sobre o mundo que nos envolve, da política à física, mas não sabemos chorar, falar de nossas crises, comentar nossos sonhos. Nosso superficialismo beira o inacreditável. Não aprendemos a velejar nas águas da psique.

O resultado é que o *Homo sapiens* tomou o caminho errado. Desenvolveu bilhões de informações e tecnologias para solucionar os problemas externos, mas, em pleno século XXI, ainda é uma criança perturbada diante das milenares mazelas psíquicas não resolvidas.

E Deus? Ele tem encontros com Ele mesmo? Reuniu-se com seu próprio ser ao longo da história, quando o tempo ainda não havia despertado? Ele se autoabandona, tal como os seres humanos que são capazes de transformar sua curta trajetória existencial num canteiro de tédio? Estas são perguntas que devemos armazenar em nossa memória para, num segundo momento, refletir sobre elas.

Não sabemos analisar nossas tolices, fragilidades, inseguranças, fobias, ansiedades. Levamos a vida sem nunca penetrar em seu tecido mais íntimo. Quem não usa a solidão intrapsíquica para se interiorizar não supera seus traumas, vive na crosta da inteligência. Torna-se especialista em punir a si mesmo e aos outros.

Alguns se deprimem quando se aposentam. A aposentadoria transforma-se num desastre emocional, pois não se prepararam interiormente para descansar, sonhar, construir projetos de vida. Outros estão na ativa, mas se dedicam apenas a resolver problemas, não a desfrutar as suas conquistas. Vivem uma contradição: são excelentes profissionais, mas predadores de si mesmos.

Os psicopatas, num grau muito maior, também não se interiorizam. Não se colocam no lugar das suas vítimas, não penetram nos sofrimentos delas, não criticam as próprias obsessões violentas. Por terem abortado o processo de interiorização, não desenvolvem o embrião da sabedoria para destruir seus fantasmas psíquicos.

Quanto mais uma pessoa é consciente e lúcida, mais constrói uma plataforma para um autodiálogo. Aqueles que não estabelecem ricos diálogos interiores, ainda que intuitivamente, têm muito mais chances de serem infelizes, inflexíveis, autossuficientes, ensimesmados. Levam para seus túmulos as características doentias de sua personalidade.

Grande parte das doenças psíquicas não seria desenvolvida se fôssemos treinados desde a mais tenra infância a desenvolver um autodiálogo capaz de nos fazer repensar nossas perdas e frustrações. Não tenho palavras para expressar o quanto me entristeço em saber que milhões de crianças e adolescentes serão futuros pacientes psiquiátricos porque nunca aprenderam a ser autores das suas histórias, debatedores de ideias.

Muitos nunca têm a oportunidade de descobrir que a introspecção bem elaborada, as imagens mentais bem construídas e as ideias bem estruturadas produzem uma fonte de entretenimento e experiência intelectual jamais propiciada pela TV e pela internet. A introspecção sadia gera sonhos, inspirações, aspirações, intuição, criatividade e prazeres.

A solidão intrapsíquica de Deus

Deus é envolvido pela solidão intrapsíquica? Ela o impulsiona a ser um viajante nas trajetórias do próprio ser? Devemos nos lembrar que essa solidão, longe de ser negativa, é uma dádiva que alimenta a interiorização, a reflexão, a meditação. Se Deus é um ser consciente da sua identidade, da sua individualidade e da sua personalidade, Ele provavelmente experimenta a solidão intrapsíquica nos mais diversos níveis.

Mas como Deus superou essa eterna solidão? Como a superou pelos séculos dos séculos antes de ter as primeiras fagulhas de sua criatividade? Sinto calafrios em pensar na imortalidade de Deus e na possibilidade de Ele ter vivido um tédio inextinguível.

A única explicação filosófica e psicológica que vem à minha mente é que duas grandes causas impediram que a imortalidade de Deus-Pai, eloquentemente proclamada no Sermão da Montanha, comprometesse a sua saúde psíquica e seu encanto pela existência.

Essas causas tecem o segundo segredo subjacente na oração do *Pai-Nosso. Primeiro, a emoção desse Pai só não explodiu de tensão porque deve constituir uma fonte inesgotável de prazer. Segundo, ao contrário dos humanos que usam mal seu tempo, Deus usou seu intelecto na eternidade passada para realizar um eterno encontro consigo mesmo, para gerar inumeráveis e intermináveis autodiálogos.*

Sem essas duas causas, Deus não teria fôlego para, depois de incontáveis milhões de anos, se colocar como um Pai, e muito menos para ter paciência com a humanidade e falar-lhe de amor. Vejamos de que maneira.

Jesus certa vez deixou assombrada uma mulher da Samaria, ao apontar a emoção de Deus como fonte borbulhante de satisfação *(João 4:14)*. Ela estava diante de um poço sob o sol do meio-dia. Sedento, ele gentilmente lhe pediu água.

Sabendo que Jesus era judeu, e que os judeus raramente conversavam com os samaritanos, a mulher questionou sua aproximação e sua humildade. Surpreendendo-a, ele disse que, se ela soubesse quem ele era, lhe pediria água, e ele lhe daria uma água viva que jorraria por toda a eternidade, satisfazendo-a plenamente.

O rápido diálogo de Jesus chocou a inteligência da samaritana. Ela ficou extasiada e confusa diante desse homem enigmático. Ele tinha sede biológica, e ela tinha sede psicológica. Ele pediu-lhe água, ela pediu-lhe prazer: "Dá-me de beber dessa água!"

Os diálogos de Jesus sempre foram sintéticos, mas com amplos significados. Ele teve a ousadia de falar de uma fonte de prazer que permearia todos os becos da personalidade daquela mulher e seria capaz não apenas de saciá-la no presente, mas de esmagar o tédio e romper as amarras secretas de sua solidão por toda a eternidade.

Como não ficar perplexo com a proposta de Jesus? Que homem é esse que fala de um prazer jamais sonhado pela psiquiatria e pela psicologia? Trabalhamos arduamente para desenvolver técnicas psicoterapêuticas e medicamentos antidepressivos e ansiolíticos para tirar o ser humano do cárcere da depressão e da ansiedade, mas não sabemos como fazê-lo encontrar a plenitude da alegria.

Tratamos da travessia do deserto, mas não sabemos como levar os pacientes a produzirem o oásis. Esse é o grande paradoxo da psiquiatria e da psicologia. É por isso que excelentes profissionais dessas áreas muitas vezes são mal-humorados, não exalam alegria e satisfação.

Nós morremos um pouco todos os dias. O futuro não nos pertence, mas é incrível como Jesus desenhou um futuro inextinguível. A proposta de uma vida eternamente aprazível e encantadora feita à samaritana tinha como espelho o passado do Autor da existência, que Jesus chama de Pai. Demonstra como Deus sobreviveu emocionalmente nos tempos incontáveis que antecederam o presente.

No meu entendimento, Jesus estava falando indiretamente das causas que fizeram o Deus atemporal ter uma emoção saudável, sem os infindáveis traumas gerados pela solidão intrapsíquica. Isso tornou-se possível porque sua emoção era uma fonte de júbilo e porque construiu no teatro da sua mente, em cada "quantum de tempo", uma infinidade de encontros e reencontros consigo mesmo. O Deus autoexistente, cujos dias não têm princípio, transformou a eternidade passada numa primavera contínua de prazer, e não num inverno regado a sofrimento.

Um texto nos salmos comenta que os pensamentos de Deus são incontáveis *(Salmos 139:17-18)*. A palavra pensamento no hebraico é *hegheh* e tem uma conotação especial, significa meditação ou elocução. Envolve, portanto, distração, reflexão, sonhos, projetos, inspiração.

O prazer e os autodiálogos de Deus foram suficientes para levá-Lo provavelmente a fazer da solidão intrapsíquica um oásis no passado incomensurável. Mas não foram suficientes para resolver sua solidão social. Por isso, Jesus proclama a oração do *Pai-Nosso*. Deus depende do amor dos filhos, e não apenas de si mesmo. Ele depende do relacionamento com os outros, e não apenas com Ele mesmo.

Um tédio insuportável

Se com a nossa estrutura psíquica tivéssemos experimentado a solidão de Deus, teríamos destruído nossa saúde mental nos primeiros "quantuns de tempo". Como na eternidade o tempo inexiste, chamo de "quantum de tempo" uma unidade teoricamente mensurável.

Ser atemporal e onipotente nos levaria a um tédio insuportável e, talvez, a inúmeras ideias de suicídio. Não precisaríamos de milhões de anos para nos entediar, bastariam séculos.

Mas o Deus apresentado por Jesus, embora solitário, não tem sombra de ter vivido um passado angustiado, mal-humorado, apreensivo, tenso. Ao contrário, seu passado, ao que tudo indica, foi sereno, pacífico, afetivo.

Quando Jesus pisou nesta Terra, revelou que Deus não era irritadiço e ansioso, mas tranquilo, compreensivo, altruísta, compassivo. O próprio Jesus expressou concretamente essas características ao acolher Judas na traição e Pedro na negação *(Lucas 22:48)*.

O Mestre dos Mestres demonstrou também que Deus alivia o cansado, ama o discriminado e se preocupa com os sentimentos ocultos dos rejeitados. Expressou que Deus não faz distinção de pessoas, não discrimina ou exclui, ao contrário, leva em altíssima conta cada ser humano, independentemente de seu status e de sua moral, como está apontado na coragem de Jesus ao correr risco de morrer apedrejado por proteger prostitutas *(João 8:3)*.

A parábola do filho pródigo revela um Pai que valoriza mais a pessoa que erra do que os erros que ela comete. Um Pai capaz de beijar o filho que o decepciona, abraçar quem espera uma repreensão, dar uma festa para quem merece punição. Um Pai que compreende os que não o compreendem e não abandona quem Dele desiste.

Esse Pai imortal que deveria ter sido asfixiado pelo tédio parece ter vivido uma espantosa tranquilidade em toda a sua história existencial. O teatro da sua mente tornou-se uma fantástica usina de pensamentos e emoções fascinantes que produziram um autocompanheirismo, uma autoamizade, uma história contínua de reunião com o seu próprio ser. Deus viveu na plenitude.

Quem não é compassivo, tolerante e afetivo consigo mesmo não será assim com os outros. Na Torá e no Antigo Testamento, especificamente no livro do Êxodo, Deus faz uma recomendação direta e surpreendente: "Amai o próximo como a ti mesmo." Jesus repete enfaticamente essas palavras diversas vezes *(João 15:12)*.

Essa frase mundialmente conhecida foi recitada e estudada teologicamente, mas não sob o foco da psicologia, e por isso permanece incompreendida. Ao recomendar que amemos o próximo como a nós mesmos, Deus está falando sobre sua própria experiência de vida, sobre sua forma de relacionar-se consigo e com os outros.

Deus tem um romance saudável com o próprio ser, uma autoestima elevadíssima. Ama a si mesmo e por isso pode amar seu próximo. Como é onipresente, abraça toda a humanidade.

Quem não tiver um caso de amor consigo mesmo jamais amará as pessoas com quem se relaciona. Como muitos religiosos não amam a si mesmos, nem amam a própria vida, por mais que se esforcem não são amorosos com os outros, mesmo com seus íntimos.

Quem não é apaixonado pela existência não terá amor pela humanidade, viverá apenas para cultivar as próprias vaidades. Quem é malresolvido, autopunitivo e especialista em reclamar não tolerará as falhas dos outros e não os amará apesar dos seus erros.

O amor dessas pessoas será superficial e condicional. Exalarão irritabilidade, e não solidariedade, expressarão impaciência, e não tolerância. Serão agressivas com elas mesmas e com seus próximos, sejam eles esposa, marido, filhos, alunos, colegas de trabalho ou pares religiosos.

A solidão social de Deus

Deus não apenas possui a solidão intrapsíquica, mas também a solidão social. Agora chegamos ao tempo do Sermão da Montanha. Por que esse Deus dá tanta importância à oração? Por que não usa um método mais rápido e eficiente para se comunicar com os humanos? Por que não prefere uma forma automática de contato e transmissão de dados, como a realizada pelos computadores?

Nada parece tão arcaico quanto orar, seja com palavras, gestos ou pensamentos, mas nada é tão insubstituível quanto a oração que, seja ela qual for, representa uma forma de diálogo entre o ser humano e Deus.

As coisas mais importantes da vida não se resolvem rapidamente. Um pai pode saber de todos os conflitos e necessidades dos filhos, mas ainda assim precisa que o filho se abra, se comunique, revele seus sentimentos. Não basta saber, é preciso cruzar os mundos.

Devido à solidão social indecifrável, Deus, ao que parece, tem uma necessidade capital de encontros com outros seres, não bastando os encontros com Ele mesmo. Por que esse desejo ardente de se relacionar com a humanidade apesar das falhas, injustiças e loucuras humanas? Se Ele é o diretor do roteiro da vida, e não fruto da nossa imaginação, por que suporta as sociedades tão conflituosas e não cria outra espécie menos problemática?

Na época em que eu me indagava sobre isso, imaginava que Deus era uma utopia da mente e que, se existisse, certamente nos descartaria. Mas a arte de pensar mudou minhas rotas. O grande motivo dessa mudança foi perceber que a psique humana possui o mesmo nível de complexidade da mente do próprio Deus, embora o ser humano não tenha a sua qualidade divina, seu poder e muitos dos seus atributos.

Se Deus desistir da humanidade, será obrigado a conviver com sua solidão social. Poderá ter milhões de outras espécies, inclusive de serviçais, mas deixará de ser o *Pai Nosso*. O Gênesis, o livro que a ciência pouquíssimo estudou, diz que o ser humano foi criado à imagem e semelhança de Deus. Isso é uma fábula da Bíblia? Não parece ser. Defendo eloquentemente o argumento de que, do ponto de vista psicológico, as peças aqui descritas se encaixam.

O ser humano diverte, anima, encanta, emociona e inspira Deus, bem como o frustra e o decepciona. Dois mil anos de história se passaram desde que Jesus esteve aqui, mas, para quem viveu uma eterna solidão, foram apenas segundos.

Apesar de sua dimensão, Deus é capaz de ouvir uma simples oração, de prestar atenção num sussurro de dor. Tem perspicácia para compreender o que as palavras jamais disseram. Para Ele, um miserável vale tanto quanto um rei. Uma pessoa solapada pelos próprios erros tem o mesmo peso do mais puritano dos religiosos. Um iletrado alça voo na sua inteligência da mesma forma que um intelectual.

Deus pode ter criado inúmeras outras criaturas em outras dimensões, como aponta Paulo *(Colossenses 1:16)*, o apóstolo tardio, mas no *Pai-Nosso* Ele faz tudo para nos alcançar, conquistar, envolver. Discordo do antropocentrismo, que coloca o ser humano como centro de tudo, pois não honramos a arte de pensar, somos egocêntricos e temos pouco empenho em preservar a vida e o meio ambiente. No entanto, é impossível não concluir que a humanidade mexe com as entranhas do Deus propalado por Jesus Cristo.

Não é uma religião que está em jogo, nem um conjunto de dogmas de adoração, mas uma necessidade psíquica de Deus. Muitos leitores talvez não consigam vislumbrar plenamente essa questão. Deixe-me dar um exemplo. Imagine que só exista uma pessoa neste exato momento vivendo na Terra. Quando ela anda, só se ouvem seus passos. Quando desperta, não há ninguém à sua volta. Vamos nos colocar no lugar dessa pessoa.

Ela é a mais rica e poderosa. Possui inúmeros bens e tem o mundo aos seus pés. Entretanto, quando caminha, só seu coração pulsa. Quando acorda, só ela desperta. Não terá atritos nem frustrações sociais.

Ninguém a perturbará. Não sofrerá críticas nem rejeições. Aparentemente essa pessoa vive na mais excelente atmosfera de paz! Mas quem deseja essa paz? Quem deseja todo esse poder? O mais miserável dos seres humanos não suportaria tal solidão. Por mais bem resolvido e feliz que seja o Autor da existência, Ele quer varrer do dicionário da sua existência a solidão social.

Podemos conviver com milhares de animais sem jamais termos problemas de relacionamento. Mas, por melhor que seja a relação com um ser humano, sempre haverá frustrações importantes. Apesar disso, não conseguimos deixar de viver em sociedade. Não somos seres sociais pelo instinto que promove a sobrevivência biológica, como acontece com os outros animais, mas por sobrevivência psíquica.

Certa vez, uma dentista me disse entristecida que se sente só no meio da multidão. É bem-sucedida, mas vive sequestrada dentro de si mesma. Seu marido, seus filhos e amigos não a conhecem, não a descobrem. O sorriso estampado em seu rosto serve para disfarçar o sentimento de solidão. Um pobre com amigos é muito mais rico do que um rico solitário.

Ninguém suporta ser esmagado pelo isolamento. Mesmo os anacoretas, os ermitãos e os monges que se enclausuram para fins místicos, que não têm nenhum contato social, não deixam de se relacionar. A solidão os estimula a construir milhares de personagens no palco de suas mentes, bem como inúmeras fantasias com as quais edificam complexos relacionamentos.

Até os pacientes psicóticos tentam superar sua solidão através dos personagens bizarros que criam no palco de suas alucinações. A solidão não superada deprime a emoção, asfixia a inteligência, dissipa o sentido existencial.

O Todo-Poderoso mostrou sua fragilidade na oração do *Pai-Nosso*. Revelou seu lado maravilhosamente dependente, sua face carente. Seu poder é capaz de resolver milhões de problemas no universo, mas não pode fabricar filhos, não pode solucionar a sua solidão social.

Se o que estou escrevendo não é um delírio filosófico e psicológico, esse fato mudou a história.

Capítulo 5

Deus não é autista

Eu tenho profunda preocupação e afeto pelas crianças e adultos autistas. Os autistas se isolam em seu mundo em diversos níveis. Alguns fazem movimentos corporais repetitivos devido à ansiedade exacerbada. Quanto menor for a fonte dos estímulos intrapsíquicos construídos em sua mente – como imagens, pensamentos e fantasias – e dos estímulos sociais, mais intensa é a ansiedade neles.

Pessoas autistas têm dificuldade de demonstrar sentimentos, necessidades, trocas, limites. Não pensam nas consequências dos seus comportamentos. Não conseguem colocar-se no lugar do outro e perceber suas dores e necessidades psíquicas.

Como elaboram pouco suas experiências psíquicas – como medo, dor, apoio, perdas –, deixam de registrar na memória matrizes necessárias para promover o processo de construção da personalidade. Por isso, repetem os mesmos erros com frequência.

Já tratei de várias crianças autistas. Por motivos biológicos ou psicológicos, ocorre nelas um bloqueio da memória, contraindo a construção de cadeias de pensamentos, imagens mentais e fantasias.

Quando a matriz do córtex cerebral está preservada e consegue-se desbloquear a memória através de técnicas de estimulação, começa a ocorrer um registro espontâneo e inconsciente arquivando as experiências existenciais. Assim, tece-se pouco a pouco a colcha de retalhos da personalidade, expandindo a solidão intrapsíquica e a social.

Quando a solidão intrapsíquica e a social se expandem, surge espontaneamente a necessidade de construir relacionamentos com os que as cercam e obter retornos, como elogios, sorrisos, afetos. Surge também a necessidade de construir novos pensamentos e imagens mentais. A criança começa a brincar, a se distrair, a fantasiar, diminuindo assim os níveis de ansiedade. O resultado é impressionante. Parece um botão de flor asfixiado que desabrocha na primavera.

Quanto mais uma criança autista se torna sensível, afetiva, e quanto maior sua consciência social, mais depende dos outros, mais procura relacionamentos. Quanto mais ensimesmada, mais se isola, seja por dificuldade de interagir, por timidez, medo de se expor ou de correr riscos.

Após essa rápida abordagem sobre o autismo, descubro o terceiro segredo da oração do *Pai-Nosso: Deus não é autista*. Por quê? Porque foi vítima da solidão intrapsíquica e da social, porque teve inumeráveis encontros com seu próprio ser e porque procura ansiosamente construir relações sociais. Se não tivesse forjado em sua personalidade os vários tipos de solidão, Deus poderia ser o maior de todos os autistas. Não precisaria de ninguém. Não almejaria ser um pai, não amaria.

A eternidade seria para ele um presídio, e a imortalidade, um calabouço. Deus se bastaria pelos séculos dos séculos. Deixaria de ser um criador exuberante. O teatro da sua mente estaria desprovido de ideias e de criatividade. Não haveria inúmeras galáxias, talvez nenhum planeta, um átomo ou um ser vivo além Dele. Deus continuaria só pelos séculos dos séculos, sem ter consciência da solidão. O tudo e o nada seriam a mesma coisa.

A ansiedade vital

No Sermão da Montanha, logo após pronunciar a oração do *Pai-Nosso*, Jesus discursou eloquentemente sobre a ansiedade *(Mateus 6:31-32)*. Fiquei impressionado ao analisar suas palavras. Que homem é esse que discorreu sobre as causas da ansiedade 19 séculos antes de surgirem a psiquiatria e a psicologia modernas?

Com argúcia sem precedentes, Jesus comentou que a ansiedade doentia, patológica, é originada principalmente por três grandes fenômenos: as preocupações existenciais, os pensamentos antecipatórios e a dificuldade de desenvolver a arte da contemplação do belo, de extrair prazer dos pequenos estímulos da rotina diária, como um abraço, um breve diálogo ou a imagem de um lírio do campo.

Quem vive atolado de preocupações e sofre pelos eventos futuros se enclausura nos pântanos da própria ansiedade e do humor depressivo. É um miserável no território da emoção, mesmo que seja invejado financeiramente.

O Mestre dos Mestres disse categoricamente "Não andeis ansiosos". Andar ansioso é ter uma ansiedade patológica que gera uma psique irritadiça, perturbada, irreflexiva e não-criativa.

Mas será que toda ansiedade é doentia? Toda ansiedade aborta o prazer de viver e bloqueia a inteligência? Em hipótese alguma. Existe uma ansiedade, que chamo de ansiedade vital, que é normal e fomenta o ânimo, a inventividade, a inspiração, a superação. Jesus tinha consciência da importância da ansiedade vital como mola propulsora da motivação e da criatividade.

Notem que ele disse "Não andeis ansiosos". Não nos pediu para eliminar toda e qualquer ansiedade do anfiteatro de nossa psique. Os vários tipos de solidão estimulam a construção das imagens mentais, das fantasias, das ideias e dos relacionamentos sociais. Mas é a ansiedade vital que está na base dessas construções intelectuais e emocionais. Ela é a energia do trem da inteligência que aciona a locomotiva dos vários tipos de solidão.

O *Homo sapiens* é criativo porque tem uma complexa ansiedade vital como fonte da energia psíquica que canaliza os vários tipos de solidão para construir ininterruptamente pensamentos e relações sociais.

Cada pessoa tem um nível de ansiedade peculiar que pode ser enquadrado dentro dos limites da normalidade. Destruir essa ansiedade é indesejável e impossível, pois seria destruir a galinha dos ovos de ouro da criatividade. A ansiedade vital só se torna doentia quando os níveis de tensão geram conflitos psicossociais e produzem sintomas psíquicos e psicossomáticos.

Se a mente humana precisa da ansiedade vital para ser construtiva, o que acontece com a mente de Deus? Deus possui uma ansiedade vital que estimula sua criatividade? Na minha limitada opinião, sim. Vamos retornar à solidão social de Deus.

Quanto tempo Deus ficou só? Bilhões de anos? Mas bilhões de anos são apenas frações de segundo perante a eternidade. O que se passava na mente de Deus quando o tempo inexistia? Que experiências tocaram sua emoção quando Ele tinha milhões de palavras para dizer, mas ninguém para ouvi-lo? Embora possa ter vivido uma primavera existencial no passado quanto à solidão intrapsíquica, em algum momento sua tranquilidade foi perturbada pela necessidade de ter filhos. Será que Ele não poderia prever que os seres humanos o decepcionariam ao máximo?

Desculpe-me, mas confesso minha ignorância. Falo da solidão de Deus como o caminhante que sou, vagando pelo traçado da existência tentando me entender e entender o intangível. Sedento, não consigo deixar de perguntar. Perguntando, tenho uma mente livre para pensar. Pensando, reconheço minhas limitações e tenho como consolo a convicção de que deixo de ser um mero átomo vivo, entorpecido, esperando a morte arrombar as portas da minha história e me mostrar que o que vivi foi uma brincadeira no tempo. Não, a vida é um espetáculo.

Crer que Deus criou o ser humano à sua imagem e semelhança, independentemente de ter usado um processo evolutivo ou instantâneo, entra na esfera da fé, que não é minha área. Se Deus é concreto, Ele tem habilidade tanto para usar processos instantâneos que desobedecem às leis da física, da química e da biologia como pode usar as leis da teoria da evolução, fundamentada nas mutações genéticas e na seleção natural das espécies mais aptas. Não discutirei essas teses.

Quero discutir algo mais profundo, o quarto segredo subjacente à singela e explosiva oração do *Pai-Nosso: A ansiedade vital de Deus associada à consciência de que Ele é um ser único no teatro da existência gerou uma explosão criativa*. Não quero discutir *como* Ele criou, mas *por que* criou um universo incompreensível, com incontáveis fenômenos físicos, biológicos e psicológicos.

A solidão e a criatividade

Aquele que nunca atravessou turbulências na vida e não sente falta de nada vive um eterno conformismo capaz de engessar seu intelecto. De outro lado, quem passou por inúmeros problemas estressantes, mas aprendeu a canalizar sua ansiedade para expandir o mapa das suas experiências psíquicas, tornou-se um construtor de novas ideias.

A diferença entre um pensador e um espectador é que o pensador usa seu estresse para produzir o espetáculo das ideias, e o espectador usa seu conformismo para aplaudi-lo.

Por que o processo criativo tem mais chance de acontecer nas crises? Porque nos momentos de perdas, rejeições e desafios a ansiedade vital expande-se, aumentando consequentemente a percepção da solidão. Esta, por sua vez, expande a necessidade de superação através das construções intelectuais.

Muitos artistas construíram suas obras-primas quando o mundo desabava sobre eles. Muitos poetas e intelectuais produziram seus melhores textos quando desprezados e humilhados. Foram garimpeiros de ouro nos solos da sua inteligência.

Tenho necessidade de momentos de interiorização solitária. Na solidão, faço um passeio íntimo, crio caminhos, produzo novas ideias. Na solidão, penso, repenso e me reencontro. Na solidão, percebo minha pequenez, compreendo que um dia vou para um túmulo, que não sou melhor que ninguém. Na solidão, me procuro, me acho, me refaço.

Quando é que os cientistas produzem suas melhores ideias? No início ou no auge da carreira acadêmica? Seria de esperar que fosse no auge, quando são mais cultos, maduros e experientes. Mas é no início da carreira! Por quê? Porque no auge da carreira são aplaudidos e valorizados e correm o risco de se tornarem perigosamente autossuficientes.

No início da carreira são perturbados pelos desafios e pela necessidade ansiosa de desbravar o desconhecido e serem reconhecidos. Einstein era imaturo intelectual e emocionalmente quando produziu os pressupostos da teoria da relatividade. Tinha 27 anos. A maioria das grandes descobertas da matemática ocorreu antes dos 20 anos de seus descobridores.

O reconhecimento acadêmico, os títulos, o status intelectual que os cientistas, escritores e pensadores recebem ao longo da vida podem se tornar um veneno que mata a criatividade, obstruindo a ousadia, a capacidade de introspecção, observação, dedução e indução.

Jesus fez subliminarmente referências à solidão de Deus diversas vezes, como quando disse "Na casa do Pai há inúmeras moradas", "Eu sou a videira e vós os ramos" e em diversas parábolas, como a do filho pródigo e a do semeador. Porém, pelo menos uma vez falou abertamente sobre a solidão que abarca a psique de Deus desde tempos remotos: "Se o grão de trigo que cai na terra não morrer, permanecerá só" *(João 12:24)*.

Os discípulos queriam interromper o plano de Jesus, impedindo-o de ser crucificado. Parecia loucura e insanidade prever a própria morte e não evitá-la. Mas ele preferia morrer e sacrificar-se para resolver a solidão de Deus.

Sua morte seria uma ponte entre a humanidade e o Autor da existência. Foi a primeira vez que a dor e o caos da existência foram usados para que a vida ressurgisse. Fico imaginando a dimensão da palavra "só". O grão de trigo precisava romper a casca do isolamento para se multiplicar.

Por que existem bilhões de galáxias com trilhões de planetas e estrelas? Bastava uma galáxia com milhões de astros. Por que existem milhões de espécies na natureza? Bastavam milhares. Por que o Autor da existência é tão abundante no processo criativo?

Talvez porque criar não seja uma opção intelectual de Deus. Criar faz parte da sua natureza, é seu destino inevitável. A sua solidão exuberante e sua serena e inextinguível ansiedade vital fazem a criatividade fluir espontaneamente da sua mente complexa.

O Pai da enigmática oração ensinada por Jesus não é amordaçado pelo cárcere da rotina. De eternidade a eternidade, viveu uma explosão criativa, no bom sentido da palavra. Tudo nele parece se renovar, rejuvenescer, reflorescer.

Um dia o processo criativo pode acabar? A solidão humana poderá ser extinta? A solidão de Deus poderá desaparecer do cerne da sua psique? Não creio. *A solidão é psiquicamente incurável, sem solução definitiva.* Esse é o quinto segredo. Felizmente, ela não pode ser resolvida, o que nos faz procurar inúmeros relacionamentos. Ela é retroalimentada pela consciência existencial, nos renovando num processo contínuo e inextinguível de buscas.

Penso que a solidão, tanto a humana quanto a de Deus, sempre nos fará procurar por nós mesmos e pelos outros. A criatividade nunca será extinta. Nunca seremos autossuficientes e abastados. Como já disse, viver em sociedade não é uma questão de sobrevivência física, mas psíquica.

Jamais viveremos na clausura, no drama do isolamento. A não ser que desenvolvamos uma depressão catatônica, nesse caso embotaremos nossos pensamentos e emoções.

Os demais segredos da oração do *Pai-Nosso* apontam para uma atmosfera onde as relações sociais ocorrem de forma borbulhante; onde o amor é uma poesia; descobrir o outro é uma aventura; sonhar juntos, uma fonte de prazer; trocar experiências, um convite à maturidade. É uma pena que as sociedades modernas estejam se tornando um grupo de estrangeiros que habitam na mesma terra.

O grito de Deus na oração do Pai-Nosso *e os Dez Mandamentos*

O sexto segredo da oração do *Pai-Nosso* é o mais simples e mais intrigante de todos: *Deus tem necessidade psíquica de ser amado.* Para Ele não basta construir relações, é preciso ter o amor como ingrediente fundamental.

Bob Marley cantava que os seres humanos "amam o poder e não o poder de amar". De fato, inúmeras pessoas sonham em estar acima das outras, em ser cortejadas, servidas, admiradas. Deus não tem essa necessidade neurótica, embora possua poder para controlar as pessoas.

O Deus descrito na oração do *Pai-Nosso* não é apenas um Deus solitário que tem necessidade de construir relacionamentos e trocar experiências. Ele possui necessidade psíquica de amor. Essa necessidade é maior do que um desejo de afeto, carinho e atenção.

O amor se entrega, não procura os próprios interesses, inclui, sonha junto. Não é tecido de ciúme, despe-se da soberba e veste-se da humildade. O amor revigora o cansado, anima o abatido, encoraja o ferido. O amor não controla, não domina, não bloqueia a inteligência. Promove a liberdade, realça a autoestima, reacende a esperança.

Eu acho poético e ao mesmo tempo estranho alguém tão grande quanto Deus ter essa necessidade de ser amado e, ainda por cima, declará-la corajosamente em prosa e verso. Quantas vezes Deus a declarou! Em muitas formas na Torá, no Novo Testamento e no Alcorão, para citar o exemplo dos livros sagrados de três grandes religiões.

Nos Dez Mandamentos entregues a Moisés no monte Sinai a necessidade de ser amado foi declarada da maneira mais eloquente. Milhões de pessoas, incluindo judeus e cristãos, são capazes de repetir esses mandamentos sem perscrutar com profundidade o significado deles. Seus ouvidos precisam se abrir para entendê-los psicológica e filosoficamente.

Nunca perceberam que no primeiro desses mandamentos existe a mais contundente declaração de amor do Deus Altíssimo e, ao mesmo tempo, o mais profundo e honesto reconhecimento de sua sede psíquica, de sua necessidade emocional. O Deus Onipotente não teve vergonha de assumir a sua fragilidade emocional.

Ao declarar no primeiro mandamento "amar a Deus sobre todas as coisas", Ele grita sem medo: "Preciso ser profundamente amado. Não tenho vergonha de reconhecer que preciso ser amado com um amor ardente. A humanidade pode achar que não preciso de nada. Mas tenho sede de amor."

Nós temos vergonha de declarar nossos sentimentos. Há pais e mães que morrem sem nunca terem dito a um filho "Eu preciso de você, deixe-me conhecê-lo". Sem jamais terem perguntado em que desertos o filho caminhou sem que o pai soubesse. Que lágrimas o filho chorou sem que a mãe percebesse.

Fico perplexo ao constatar que Deus desceu aos patamares mais impressionantes da dependência emocional. Era de se esperar que Ele subjugasse o ser humano, mas, ao invés disso, Ele implorou por seu amor. Que coragem! O amor une, ata, entrelaça. O amor rompe todas as barreiras e aproxima todas as distâncias. Esse Deus rompe paradigmas e preconceitos.

Calígula matou o neto de Tibério César quando se tornou imperador romano. Não queria que seu trono fosse ameaçado. Antes de chegar ao poder parecia gentil e afetivo. O poder o transformou, o aprisionou. Era mais uma pessoa despreparada para assumi-lo. Foi tão seduzido pelo poder que, no final, queria ser reconhecido como um deus. Detestava o povo judeu, por ser na época o único que não se submetia à sua paranoica busca pela divindade.

Calígula queria ser imortal, um homem acima das fragilidades humanas. Fazia questão de mostrar sua grandeza, seus exércitos, sua severidade implacável aos desobedientes e sua gratidão aos subordinados.

O Deus que se declarou nos Dez Mandamentos teve um comportamento completamente diferente do daqueles que se declaravam deuses. Na primeira vez em que resolveu mostrar sua verdadeira face a Moisés, em vez de imprimir medo e severidade, revelou um extremo amor pela humanidade. Jesus repetiu as palavras Dele no Novo Testamento de diversas maneiras.

Nenhum rei, ditador, imperador, presidente, executivo, chegou a fazer um pedido igual. Todos querem reverência, reconhecimento, e alguns, servidão. Foi a primeira vez na história que alguém grandioso pediu "por favor, me amem". Pediu algo que seu poder não podia comprar ou obter.

A ideia central dos Dez Mandamentos está inserida na oração do *Pai-Nosso*. Esses dois textos não falam de servidão, mas de afeto; não falam de religião, mas do entrelaçamento da emoção; não falam de temores, mas de amores.

Pode parecer loucura, mas entendo que o Deus dos Dez Mandamentos e da oração do *Pai-Nosso* pede para ser amado acima de todas as coisas porque Ele deve amar o ser humano dessa mesma forma, acima de todas as coisas, inclusive da nossa estupidez.

Nosso amor é condicional, as decepções o esmagam. O amor de Deus é irrestrito. Amamos se tivermos retorno, Ele ama mesmo frustrado. O Deus que muitos consideram temível é um Deus dependente de amor. Como não ficar chocado com suas reações?

Mas, se Deus ama tanto a humanidade, por que não mostra a sua face? Por que parece omisso? Por que não intervém nas loucuras humanas? Por que se esconde atrás do espelho dos fenômenos físicos? Por que deixa nossa mente inquieta sobre sua identidade? Por que incentiva o ser humano a usar a frágil ferramenta da oração e da meditação para tateá-lo nos recônditos do espírito humano?

Essas perguntas fervilham no caldeirão das questões que discutiremos posteriormente.

Capítulo 6
Pai-Nosso: um golpe mortal contra a discriminação

Tomás de Aquino e a espiritualidade inteligente

Em uma de suas orações, o pensador Tomás de Aquino, num fôlego intelectual, procura romper as distâncias na relação com Deus, dizendo:

Concedei-me, Senhor meu Deus,
Uma inteligência que Vos conheça,
Um zelo que Vos procure,
Uma ciência que Vos encontre...

(Teixeira, 2002)

Tomás de Aquino queria alçar voo em sua inteligência, não para conhecer os fenômenos do mundo físico, mas Aquele que os teceu. Possuía uma ambição irreprimível de conhecê-Lo. Desejava um encontro único, sem barreiras nem temor.

Encenar a peça da vida sem explicações mínimas sobre quem somos contorce as entranhas da nossa psique. Uns mais, outros menos, todo ser pensante é contagiado pela ansiedade diante do mundo incompreensível que é e no qual vive.

A espiritualidade e a construção das religiões surgem no espaço da ansiedade por respostas. É um impulso incontrolável que brota do cerne da inteligência humana e que seduz pessoas de todas as línguas, culturas e credos. Através da oração e da meditação, elas buscam o inexplicável, o transcendental, o divino. Buscam inclusive a si mesmas.

O que entristece é que nem sempre a religiosidade irriga as funções mais importantes do ser humano, como a tolerância, a capacidade de expor, e não impor, ideias, a solidariedade e a generosidade.

Quem estudar os segredos da oração do *Pai-Nosso* entenderá que Jesus queria que os seres humanos tivessem uma espiritualidade regada pela inteligência, pela troca, pelo respeito e a transparência. É significativo que ele comece a falar de um Pai que quer construir relacionamentos sem barreiras e preconceitos.

Apesar de inúmeras pessoas recitarem a oração que Jesus ensinou, passados dois milênios as barreiras continuam, os preconceitos ainda nos controlam, imprimindo inumeráveis sofrimentos, cultivando uma infinidade de transtornos. A proposta de um relacionamento familiar que exale afetividade, compreensão e generosidade parece um delírio numa sociedade individualista.

Certa vez, um bispo católico de excelente nível intelectual e humanístico começou a ter ataques de pânico durante as suas homilias. Apresentando taquicardia, seu coração parecia querer explodir no peito. Ofegante, mal conseguia pronunciar as palavras durante as crises.

Sua saúde estava ótima, mas sua emoção era abalada pela fantasia da morte, levando seu cérebro a reagir como se ele estivesse vivendo seu último instante existencial. O medo de desmaiar em público ou de ter um enfarte súbito o atormentava, esfacelando seu prazer de viver e o isolando cada vez mais. Os ataques de pânico aumentaram de frequência e intensidade. O brilhante ser humano foi se tornando opaco, frágil e depressivo.

Para quem ele contou sua tragédia emocional? Para ninguém. Nenhum outro colega, nenhum superior, nenhuma pessoa a ele subordinada. Tinha medo de ser criticado por seus pares. Tinha receio do preconceito. O medo da crítica o silenciou. Calou-se, quando deveria abrir a boca e investir no único capital que não pode ir à falência – a vida. Felizmente procurou ajuda terapêutica, tratou-se e reescreveu a sua história.

Tenho encontrado líderes católicos, protestantes, budistas, islamitas que sofrem calados, nunca revelam seus conflitos, temendo ser julgados pelos que os rodeiam. Suas lágrimas nunca conquistaram o teatro do seu rosto, com medo das críticas. Quando não existe tolerância e afetividade, o melhor dos ambientes, mesmo religioso, é tirânico.

Muitos dos seguidores têm uma falsa imagem de seus líderes, considerando-os infalíveis, imunes às misérias psíquicas dos mortais e aos transtornos dos "comuns". Mas quem não atravessa os vales da ansiedade patológica em alguns momentos da vida? Quem não sofre alguns transtornos emocionais? Quem não é subjugado por algumas características doentias da personalidade?

Em minhas conferências, às vezes pergunto à plateia: quem tem coragem de subir no palco e fazer uma exposição sobre todos os pensamentos e imagens mentais que transitam em sua mente? Nunca ninguém ousou; eu inclusive. Felizmente na oração do *Pai-Nosso* não se exige de ninguém a perfeição.

Tomás de Aquino queria ter capacidade para entender Deus, explorar seus pensamentos, conhecer seus projetos. Uma espiritualidade só pode ser saudável se nos levar também a respeitar nossos limites. A religiosidade que almeja produzir super-homens, pessoas infalíveis, rígidas, juízes dos outros, que não promove o autodiálogo e o diálogo interpessoal, torna-se uma fonte de doenças psíquicas.

O Pai-Nosso *implodindo o racismo e a discriminação*

A oração do *Pai-Nosso* vai além de promover o diálogo entre os pares, entre os amigos e companheiros de jornada. Ela é o golpe mais excelente contra um câncer que nunca foi extirpado da nossa espécie. Um câncer que teima em criar raízes até nos ambientes mais inesperados: o racismo e a discriminação.

Onde está a vacina contra a discriminação nessa assombrosa oração? Na dimensão da palavra *Pai* e na abrangência da palavra *Nosso*. Pai de quem? Dos judeus? Dos cristãos? Dos muçulmanos? Dos budistas? Dos bramanistas? Pai de que grupo religioso? De que pessoas? De quantas pessoas? Pai dos puritanos ou dos errantes? Pai dos ricos ou dos miseráveis? Dos intelectuais ou dos iletrados? Pai dos portadores de depressão, de psicose, ou dos que se regalam do prazer de viver?

A junção das palavras *Pai* e *Nosso* me assombra e revela mais um espetacular enigma, o sétimo segredo: *Deus é 100% pela humanidade.* A oração do *Pai-Nosso* estilhaça estigmas. Muitos querem controlar Deus, ser seus proprietários, inseri-lo na dimensão de seus dogmas religiosos. Mas Deus quer se libertar. Ele quer ser o *Pai-Nosso.* Ele é muito grande para caber na cartilha de nossa religiosidade.

Por um lado, Deus possui uma personalidade consolidada, desejos peculiares e preceitos revelados enfaticamente por Jesus. Mas, por outro, Ele é inclusivo, compreensivo e tolerante. Embora Deus seja 100% pela humanidade, creio que quase 100% das pessoas que oram ou conhecem a oração do *Pai-Nosso* já cometeram, de diversas formas e em diferentes graus, discriminações, exclusões e outras formas de agressividade em algum período da vida.

É provável que muitos já se consideraram superiores pela cultura ou religião. Outros julgaram e condenaram. Outros ainda mataram, se não fisicamente, pelo menos psiquicamente. Pais sufocaram emocionalmente seus filhos. Maridos asfixiaram a personalidade de suas esposas ou foram asfixiados por elas. Executivos e religiosos anularam colegas de trabalho.

Muitos seres humanos destruíram outros em nome de um Cristo inventado em seu imaginário. O Deus proclamado por Jesus não discrimina, apenas acolhe e abraça. Não exclui, apenas insere. Ama qualquer ser humano de qualquer lugar, de qualquer religião.

O Deus do *Pai-Nosso* revela doçura e suavidade. Não exige nenhum sacrifício humano, nenhum esforço desmedido. Ao contrário, quer nos nutrir com o pão diário da sabedoria, da tranquilidade, da serenidade.

A multidão estava atônita diante das palavras de Jesus. Nunca tinham visto Deus como Pai. Nunca imaginaram Deus com necessidades psíquicas. Jamais pensaram que Ele fosse tão próximo. Parafraseando Nietzsche, Deus é humano, demasiadamente humano.

Pensar, refletir e analisar os comportamentos dos nossos filhos nos aproxima deles, mas não nos permite penetrar na sua natureza psíquica. Só estarão dentro de nós como símbolos, representações, imagens registradas. Mas Jesus anunciou um Deus que desejava superar de maneira tão surpreendente sua solidão que sonhava em esfacelar esse paradigma da psicologia. Por isso teve a ousadia de dizer: "Eu neles e tu em mim, para que cheguem à perfeita unidade" (*João 17:21*).

Quem pode entender esse fenômeno? O Deus Todo-Poderoso se fez pequeno para alcançar os pequenos, porque os pequenos, apesar dos seus defeitos, são insubstituíveis para Ele.

A mais excelente tolerância religiosa

O racismo, a discriminação religiosa, o antissemitismo e a rejeição ao islamismo depõem dramaticamente contra a oração do *Pai-Nosso*. Os conflitos religiosos sempre foram motivo de grandes atritos, o estopim de guerras e violências. Fico feliz porque minha origem é multirracial. No meu corpo corre o sangue de judeus, árabes, italianos e espanhóis. Minha esposa tem, entre outras ascendências, a alemã. Minhas três meninas são filhas da humanidade. É um prazer sublime compreender que somos uma única espécie pela qual devemos ser apaixonados e lutar.

Sócrates e Platão acreditavam em um Deus único, apesar de a Grécia antiga ser povoada de deuses. O Deus de Sócrates é diferente do Deus dos cristãos? Há diferentes formas de procurá-Lo, de conhecê-Lo, de reverenciá-Lo. Mas se há um Deus no universo e se Ele tem uma inteligência incomparavelmente superior à nossa, não será Ele capaz de compreender as diferentes linguagens dos seres humanos das mais diversas religiões? Não entenderá a linguagem dos que não têm religião?

Saulo de Tarso, o arqui-inimigo dos cristãos, religioso radical que matava, encerrava no cárcere e constrangia os que pensavam diferentemente da sua religiosidade, ao tornar-se seguidor de Jesus abriu o leque da sua inteligência para compreender os diferentes.

Ele teve a ousadia de dizer que não sabemos orar, nos comunicar com Deus, que nossa linguagem é tosca para atingir o Criador. Para o apóstolo Paulo, Deus tem de decifrar os códigos da nossa limitada comunicação e racionalidade. Ele é um Pai que enxerga o que os sons não apontam.

Além disso, Paulo elevou a tolerância religiosa ao mais alto patamar no segundo capítulo da Carta aos Romanos. Teve a ousadia de dizer que os que julgam e excluem os outros condenam-se a si mesmos. E completou afirmando que Deus olha para a consciência humana, perscruta os pensamentos, as intenções, e não a prática religiosa exterior.

Teve a coragem de afirmar que os que não têm lei, os que nunca tiveram uma religião formal, serão julgados sem lei. Eles têm a "consciência do eu", organizada a partir do autoquestionamento e da capacidade de decidir. Ao usar o pensamento para se avaliar, acusar e defender o eu, cria sua própria justiça (*Romanos 2:14-15*). Segundo Paulo, é para isso que Deus olha.

Aquele que mais atacou e discriminou os cristãos foi mais longe ao dizer que o projeto de Deus inclui toda a humanidade. Indica dessa forma que o Deus dos cristãos se entrelaça com o Deus dos muçulmanos, dos judeus, dos budistas, dos que não professam qualquer religião.

Interpreto essa passagem como se fosse o brado do *Pai-Nosso* afirmando que Deus enxerga muito além dos rituais religiosos e da adoração formal. Ele enxerga, como já disse, o que a psiquiatria e a psicologia não conseguem ver. Nós nos limitamos a observar comportamentos, mas Deus é um Pai que compreende a linguagem profunda de cada ser humano, mesmo aquelas linguagens que jamais ganharam sonoridade. Ele observa o intangível, os cenários sutis desenhados na arena de nossa psique.

Paulo não deixou de defender o que pensava. Discorria sobre Jesus Cristo com todas as letras e ia pouco a pouco dissipando seu radicalismo e incorporando a sublime tolerância do próprio Jesus.

O filósofo Kierkegaard e a destruição de preconceitos

O brilhante filósofo Kierkegaard tinha uma ligação estreita com o pensamento de Jesus Cristo, mas era crítico da religiosidade asfixiante (Durant, 1996). Querendo estimular a arte de pensar e provocar a mente das pessoas para dissipar preconceitos, certa vez propôs uma complexa questão.

Disse que existem duas pessoas: uma adorando um deus falso, mas com o coração verdadeiro; outra adorando o Deus verdadeiro, mas com o coração falso. Após fazer essa descrição, perguntou: Qual delas o Deus verdadeiro ouve?

Fiz essa pergunta a várias pessoas das mais diversas religiões. Todas me responderam que Deus ouviria quem tem um coração verdadeiro. E continuaram: se o coração é falso, superficial, simulador, de nada adianta adorar o Deus verdadeiro. Ele considerará essa adoração uma maquiagem exterior sem correspondência com a realidade interna.

Quando os índios se dobram com humildade e sinceridade diante de uma rocha ou do Sol, será que não são ouvidos por Deus? Quem pode afirmar que Deus não os escuta, não entende sua linguagem? Quando um africano de uma tribo primitiva se prostra diante das chamas do fogo, reverenciando-o com sinceridade, será que não é ouvido pelo Altíssimo?

Não sou teólogo, não posso entrar na seara da fé. Mas posso entrar no campo do pensamento filosófico e psicológico. Para mim, quando Jesus juntou as palavras "Pai" e "Nosso" na única oração que ensinou claramente, quis dizer, tanto do ponto de vista psicológico quanto do filosófico, que Deus não é propriedade humana, nem de uma religião ou de um povo, ainda que essa religião ou esse povo esteja em maior sintonia com sua vontade do que outros.

Em tempos de tantas guerras e discriminações religiosas que envolvem o judaísmo, o islamismo e o cristianismo, eu gostaria de novamente enfatizar: *Deus é pela humanidade e para a humanidade*. As discriminações contra os muçulmanos estão infelizmente aflorando depois do 11 de Setembro de 2001. O antissemitismo vem se expandindo em diversas sociedades. As sociedades estão se tornando um barril de tensões, prestes a explodir. O terrorismo, em suas diversas formas, e a ditadura do consumismo e da estética estão criando raízes.

Uma pessoa que tem maturidade intelectual e emocional não deve abrir mão do que pensa, mas deve dar aos outros o direito de pensarem contrariamente às suas ideias. Não deve deixar de falar sobre as verdades em que acredita a respeito de Deus e de sua religião, mas deve aprender a expor, e não impor, suas ideias. Quem impõe suas ideias, ainda que estas sejam excelentes, é escravo, e não livre; destrói e não cura. É intelectualmente uma criança, e não um adulto maduro.

Se não nos apaixonarmos pela humanidade, se não lutarmos pela espécie humana, se não incluirmos, tolerarmos e amarmos, estaremos fora dos padrões do *Pai-Nosso*. Certa vez Jesus falou de dois homens que se dirigiam a Deus. Um era um brilhante religioso, tinha um currículo espiritual invejável, jejuava, orava frequentemente e dava ofertas para sua religião. O outro era um miserável, religiosamente deplorável, saturado de erros. Além disso, não sabia orar e reverenciar Deus. Apenas batia no peito pedindo compaixão diante de sua miserabilidade.

Após esse relato, Jesus propôs uma questão mais complexa do que a do ilustre Kierkegaard. Qual dos dois homens dessa perturbadora parábola Deus ouviu? Uma pesquisa mundial provavelmente seria unânime em apontar o religioso, por ser mais ético, sensato e coerente. Mas, como já disse, nós analisamos comportamentos, Deus sonda pensamentos, avalia a consciência existencial e as intenções subliminares.

Para perplexidade dos ouvintes, Jesus afirmou que Deus aprovou e exaltou o miserável. Essa avaliação não parece loucura? É como se um professor desse a nota máxima a um aluno que errou a prova inteira e zero para quem acertou todas as questões.

O religioso da parábola de Jesus não tinha contato com as próprias fragilidades, inseguranças, incoerências e estupidez. Ao contrário, ele se autoexaltava, considerando-se acima dos mortais. Certamente era mais um que excluía os outros por não se encaixarem nos seus dogmas nem nos preceitos de sua religião. Aos olhos de Jesus, ele adorava o Deus verdadeiro, mas seu coração era falso.

Por outro lado, o miserável tinha consciência de suas falhas, coragem para olhar no espelho da própria alma e assumir sua arrogância, agressividade e fragilidade. Porque era fiel à sua consciência, foi honesto no único lugar em que não se admite ser falso: dentro de si mesmo. Assim, ele tocou o coração do Deus do *Pai-Nosso*.

Para Jesus, seu Pai não é uma figura mitológica ou uma representação do imaginário humano. Ele é concreto, real e procura pessoas não artificiais para construir uma história real e não falsa. Ele cicatriza as feridas dos desprezados, aproxima os ricos dos carentes, revela que os puritanos podem ser mais impuros do que os que são considerados escórias da sociedade.

Capítulo 7

Um Pai que está nos céus: contra a superproteção

A continuação da oração de Jesus expõe outros segredos. Jesus disse que Deus não apenas é um Pai, mas que Ele habita nos céus. Temos de abrir o leque da inteligência e indagar: a que céus Jesus se referia? O Autor da existência está num lugar físico, num ponto longínquo do universo? Está infinitamente distante de nós? Ou habita num lugar que, apesar de não ser físico, fica mais próximo do que imaginamos?

Como o mundo das perguntas abre o leque da inteligência, devemos continuar a indagar. Por que Deus está nos céus e não na Terra como centro das atenções? Por que Ele se esconde atrás do véu da existência? Se estivéssemos no lugar de Deus, nos ocultaríamos como Ele, ou procuraríamos o máximo de visibilidade? Os grandes políticos e líderes sempre amaram os holofotes da mídia, mas, se Deus é real, por que insiste em se ocultar? Não é um comportamento estranho?

Freud e seu ateísmo: Deus como necessidade de um pai protetor

O comportamento de Deus sempre perturbou o ser humano e gerou crises, em especial nos pensadores. Neste momento vou destacar Freud. O pai da psicanálise foi um brilhante pensador. Era um judeu ateu.

Discorrendo sobre o ateísmo, disse: "A crença em Deus subsiste devido ao desejo de um pai protetor e da imortalidade, ou como um ópio contra a miséria e o sofrimento da existência humana" (Freud, 1969).

Para Freud, a crença em Deus só subsistia na mente humana pela necessidade de um pai protetor, pelo desejo de transcender a morte ou como anestésico para suportar as mazelas humanas.

Aparentemente as ideias de Freud sobre o ateísmo são profundas, mas na realidade eu as considero simplistas e até superficiais. Não é a simples busca da proteção de um pai protetor que leva o ser humano a crer em Deus, mas sua insaciável procura pelas origens, gerada pela consciência existencial.

O salto da inconsciência existencial para a consciência virtual libertou o imaginário humano e levou pessoas de todas as gerações e religiões a desenhar a ideia de Deus. A solidão intrapsíquica e a social fizeram dos seres humanos garimpeiros que indagam: estamos sós no universo? Milhões de livros não responderam às perguntas mais básicas sobre a humanidade. A ciência nos transformou em perguntas vivas sem respostas.

A solidão que impele cientistas a procurar nossas origens, bem como vida em outros planetas, também leva um índio, um asiático ou um americano a procurar Deus. Freud estudou o inconsciente, mas provavelmente não teve oportunidade de estudar a manifestação inconsciente e explosiva gerada pela solidão da consciência existencial. Além disso, Freud não entendeu que a busca por Deus como expressão do desejo de superação da morte não é uma atitude menor do intelecto humano, mas um processo coroado de inteligência e sustentado também por processos inconscientes.

A consciência humana não consegue compreender a inconsciência existencial, a morte em si mesma, o vácuo existencial. Toda ideia sobre a morte é sempre uma manifestação da vida. Por isso, como descrevo em outros livros, não existe ideia de suicídio pura. Quem deseja morrer não tem consciência das consequências reais impostas pela morte. Na realidade, uma pessoa que pensa em suicídio tem sede e fome de viver. O que ela deseja é eliminar a dor, e não a vida.

O ilustre Freud experimentou o desejo de imortalidade que ele mesmo condenou. Aos 67 anos desenvolveu uma crise depressiva diante de um câncer bucal e da progressão de uma grave pneumonia em seu neto. A perspectiva do fim da existência gerou uma revolução nos bastidores inconscientes da sua mente, levando-o a uma depressão angustiante (Cury, 2004).

A depressão do pai da psicanálise seria sinal de sua fragilidade psíquica, como ele pensava? De modo algum. Diante do caos da vida, o grande Freud se comportou como um ser humano, e não como um intelectual. Teve uma reação desesperadora, recusando-se a aceitar a finitude da existência. Sua depressão era uma reação inconsciente em busca da eternidade.

Talvez mais do que Freud, fui um ateu contundente. Mas estudar todos esses assuntos mudou meu conceito em relação à espiritualidade. Se antes achava que ela era fruto da pequenez intelectual, hoje penso que a busca por Deus, independentemente de uma religião, é um ato inteligentíssimo. É o grito mais eloquente da consciência que entra em crise diante da possibilidade do caos da inexistência. Filosoficamente falando, é impossível destruir a religiosidade humana.

O socialismo tentou destruí-la, produziu milhares de professores de ateísmo, mas não conseguiu. A religiosidade é o desejo irrefreável do eu, na qualidade de líder do teatro da mente, de continuar a encenar a peça da existência até quando atravessa o drama da solidão de um túmulo. O ser humano é mortal, mas tem uma mente que aspira à imortalidade. O ateísmo é uma forma de superar a solidão diante de um mundo inexplicável, é um desejo inconsciente de procurar Deus. Os ateus lutam contra tudo que os controla, mas não se dão conta de que o que mais controla e silencia o ser humano é o fim da existência. Procurando fugir de dogmas, acabam proclamando outro dogma: o da ausência de Deus e da negação de uma vida que permanece depois da morte física.

A morte é o maior carrasco da liberdade. Ao esfacelar os segredos da memória, destruir a construção das cadeias de pensamentos, ela implode a identidade e a consciência existencial e nos atira no fosso do nada.

A bandeira da liberdade hasteada pelos ateus pode afastá-los das religiões, mas os aproxima do tema de Deus mais do que imaginam. A morte esmaga a liberdade. A liberdade está ligada inevitavelmente à continuidade da existência, e a continuidade da vida só será possível se houver um Deus muito maior do que nossa religiosidade imagina, um Deus capaz de refazer a colcha de retalhos da memória que se esfacelou no drama de um túmulo.

Retomando a ideia da busca pela segurança, Freud comentou que a crença em Deus está baseada na busca de um pai protetor. Agora veremos que *o Pai descrito por Jesus é contra a superproteção*. Eis o oitavo segredo.

Deus não prometeu um caminho de flores

Ninguém é digno do prazer de viver, se não usar suas angústias, ansiedades e aflições para irrigar a vida. Ninguém é digno das flores, se não sujar as mãos para lavrar a terra e cultivá-la. A existência tem curvas imprevisíveis, perdas inesperadas, choques fora do plano que traçamos.

Quando olhamos para o relacionamento que Jesus tinha com seus discípulos, verificamos que ele os testava constantemente. Era capaz de enviá-los sem suporte financeiro e sem alimentos para uma terra estranha. Orientava-os a experimentar o vale do medo e a construir segurança mesmo quando o mundo desabava sobre eles. Corria risco de ser morto por proteger uma prostituta sem nenhuma religiosidade aparente e queria que seus discípulos aprendessem a amá-la independentemente de seus comportamentos. Para espanto deles, o Mestre não tinha medo de expressar seus pensamentos em lugares onde se recomendava a prudência.

A oração do *Pai-Nosso* é uma síntese complexa do que Jesus viveu e ensinou. O Deus dessa oração não prometeu caminhos sem obstáculos, oceanos sem tormentas. Mas prometeu o pão cotidiano em cada travessia, força na angústia, coragem nas incompreensões e paciência nas perdas.

Deus não prometeu uma existência sem desertos, mas ensinou que há um oásis nos escombros das dores. Não prometeu campos de flores, mas ensinou, através de Jesus, que há dignidade nos vales dos temores e esperança nos abismos das derrotas. Ensinou que a vida deve ser homenageada a cada momento como um espetáculo único.

Um pai que expande os horizontes da inteligência

O Pai descrito por Jesus está nos céus. Não está no centro da Terra resolvendo todos os problemas humanos. É o ser humano que deve traçar seus caminhos, definir sua trajetória existencial e ser responsável por ela.

Deus não facilita a vida humana nem dispensa as labutas de cada pessoa. A análise psicológica e filosófica do comportamento de Deus indica que, se atendesse prontamente todas as necessidades humanas, criaria exploradores, e não pensadores; pessoas autoritárias, e não altruístas.

O próprio Jesus comenta que é necessário bater, bater e bater à porta desse misterioso Pai. Não é um processo sobrenatural, mas natural. Não é instantâneo e exige esforço.

Certa vez Jesus abalou seus ouvintes ao comparar Deus a um juiz iníquo, que aparentemente é tardio em julgar as causas dos que o procuram. Ele não está alheio às angústias e lágrimas humanas. Aparentemente deseja resolver nossas dificuldades, mas sabe dos riscos altíssimos de fazer assim.

Deus sabe que quem dá o mundo para os próprios filhos mas esquece de dar a si mesmo dificilmente terá o amor deles. Poderá se transformar num joguete nas mãos dos filhos e criar manipuladores ambiciosos.

Quem supre todas as necessidades dos filhos, sem estimular sua garra, seus projetos e sua capacidade de lidar com fracassos, criará deuses de pés de barro que se considerarão dotados de um falso poder ilimitado. Ou criará pessoas tímidas, que poderão ser ótimas para os outros mas raramente para si mesmas, que terão medo de correr riscos para concretizar seus sonhos e batalhar por suas conquistas. Deus, como Pai, se recolhe no silêncio e em silêncio clama aos seres humanos: "Façam as suas escolhas!"

Quando estava na Terra, Jesus tinha um comportamento que estimulava a formação de pensadores. Não pressionava as pessoas a segui-lo. Dizia: "Quem tem sede venha a mim e beba." Era necessário fazer uma escolha. De muitas maneiras ele convidava o ser humano a segui-lo, mas respeitava as decisões humanas.

Certa vez, vendo os discípulos escandalizados com suas palavras, deu-lhes liberdade para que o abandonassem. Como já disse, enviou os discípulos para divulgar sua mensagem sem nenhum suporte material. Queria que eles aprendessem a ser líderes em situações inóspitas.

Quando recebidos em uma casa, ainda que fosse um casebre com recursos muito escassos, deviam encher-se de júbilo. Se não fossem recebidos, não deveriam injuriar e criticar, apenas sacudir o pó das sandálias e partir com respeito e serenidade. A naturalidade e a sensibilidade desses gestos são poéticas.

Crer nos atos sobrenaturais de Jesus se situa na esfera da fé. Independentemente desses atos, sua preferência pelos processos naturais era inquestionável. Ele preferia um gesto de generosidade, uma brisa de perdão, um afago de tolerância aos espetáculos milagrosos.

Os seres humanos têm uma atração irresistível por processos antinaturais. A indústria do cinema fatura alto estimulando o sobrenatural em seus filmes, mas o Jesus dos evangelhos e o Pai que ele revelava amavam a naturalidade, principalmente o mais natural dos sentimentos – o amor.

A superproteção é devastadora

A superproteção é uma das atitudes mais devastadoras para o processo de formação da personalidade dos filhos. Pais que satisfazem todos os desejos das suas crianças bloqueiam a capacidade delas de proteger-se, de suportar intempéries, de administrar decepções. Crianças superprotegidas crescem ansiosas, emocionalmente flutuantes, autoritárias e inseguras.

Pai Nosso que estás nos céus tem um significado enorme. Jesus dizia que Deus está nos recônditos do espírito humano dos que o procuram, mas está também nos céus, numa distância suficiente para não controlar ou superproteger o ser humano.

Se estivesse na Terra, Ele ocuparia um lugar de destaque que asfixiaria a liberdade de decidir – inclusive, decidir amá-Lo ou rejeitá-Lo. Se estivesse na terra, como muitos almejam, o mundo se dobraria aos seus pés. Teria milhões de bajuladores, mas não pessoas que o amassem. Estaria derrotado. Jamais superaria a solidão social. Teria serviçais, e não filhos capazes de construir uma trama de relacionamentos afetivos com Ele.

Parece estranho que Deus deixe a mente em suspense. Ele existe? Onde está? Por que não mostra sua face? Por que não subjuga a humanidade com seu poder? Se os seres humanos estivessem no lugar de Deus, certamente detestariam o anonimato. Prefeririam o estrelato.

É complicado entender que o poder de Deus não é uma solução, mas um problema que dificulta a satisfação de suas necessidades psíquicas. O poder não gera amor. Herodes, o Grande, amava Mariana, uma judia. Usou seu poder para conquistá-la, mas nunca teve seu amor. A delicada Mariana viu seu marido alcançar sucesso dominando povos e até matando seu próprio povo. Seu poder a subjugou, mas nunca fez com que ela o amasse.

Se Deus tem sede de ser amado, seu poder é capaz de atrapalhá-lo muitíssimo. Por isso busca o anonimato. Ele é tão inteligente e sequioso de realizar seu projeto emocional que deixa o ser humano procurá-lo na sutileza da introspecção, na brisa da oração. Seu comportamento é fascinante.

O grande teste é amar um Deus invisível, é se relacionar com um Pai anônimo que não se preocupa em satisfazer nossas necessidades imediatas, mas investe muito no território da psique. Isaías, o profeta de Israel, certa vez disse que verdadeiramente Deus é um Deus que se encobre.

Alguns fazem loucuras para ter um pouco de fama. Muitos destroem o que mais amam para se tornarem celebridades. Entretanto, aparentemente, Deus tem prazer de se esconder. Gosta de ser procurado pelo que é, não pelo que tem.

Uma belíssima oração islâmica em busca de Deus

Rumi, um poeta do islamismo (Schimmel, 1998), declara com refinada beleza o anonimato de Deus. Para Rumi, Deus, Alá, está oculto aos nossos olhos e, ao mesmo tempo, é capaz de revelar os segredos da alma humana.

> *Tu estás oculto de nós,*
> *Embora os céus estejam repletos da Tua luz,*
> *Que é mais brilhante que o Sol e a Lua!*
> *Tu estás oculto e, no entanto, revelas nossos segredos ocultos!*

Os comportamentos de Jesus também se pautam por esse paradoxo. Ele aparecia e desaparecia. Era bem visível e concreto, mas gostava de se esconder. Para nosso espanto, todas as vezes que ajudava alguém, pedia: "Não contem para ninguém." Infelizmente, as pessoas estudam muito raramente a psicologia dos seus comportamentos.

Quando defendeu a prostituta do apedrejamento, todos os acusadores insistiam na morte da mulher. Jesus fez a oração dos sábios, o silêncio. Só o silêncio envolve sabedoria nos focos de tensão. Ele chocou os linchadores e os remeteu para dentro deles mesmos.

Ao ser indagado novamente, em outras palavras Jesus disse: "Tudo bem! Apedrejem-na, mas antes tenham a coragem de mudar a base do julgamento. Olhem para as suas próprias histórias para depois assassiná-la." *(João 8:7)*

Talvez, pela primeira vez na história, os linchadores recuaram. Abalados, saíram de cena. Em vez de usar processos sobrenaturais nesse momento, um dos mais dramáticos da sua vida, Jesus agiu com sua inusitada inteligência. Depois que os acusadores partiram, olhou gentilmente para a prostituta e chamou-a de "mulher". Deu-lhe o nobre status de ser humano. Além disso, perguntou: "Onde estão os seus acusadores?" Era desnecessário fazer tal pergunta, pois não havia mais ninguém. Como um excelente mestre da filosofia, Jesus usava a arte da pergunta para levar à interiorização e ao questionamento.

Ela respondeu que todos tinham partido. O Mestre não quis saber quantos erros ela cometera e com quantos homens dormira. O que o interessava era o ser humano. Fitando-a, disse, em outras palavras: "Vai e reescreve a tua história."

Não pediu a ela que o seguisse, servisse ou reverenciasse. Para ele, a mulher não lhe devia nada. Fizera aqueles gestos sem qualquer outro interesse a não ser o exercício do amor. Esse é um dos relatos que demonstram com mais eloquência que, ao contrário da maioria dos homens, o Mestre dos Mestres nunca usou seu poder para controlar as pessoas. Segui-lo era um ato completamente livre e espontâneo.

A mulher ficou extasiada. O resultado? Resolveu segui-lo para sempre. Seguiu-o até aos pés da cruz, onde ele agonizava. Por que o seguiu? Porque o amou pelo que ele era, e não pelo seu poder. Encontrou o único caminho que sustenta a liberdade: o amor. O amor e somente ele a fez correr todos os riscos por Jesus. É provável que essa mulher tenha sido a famosa Maria Madalena.

Os céus: a habitação de Deus é mais próxima do que imaginamos

Jesus diz que o Pai está nos céus. Qual a distância entre Ele e a humanidade? Que céus são esses? É um lugar físico ou não?

Certa vez, um homem estranho chamado João, o Batista, bradava com eloquência na beira de um rio, anunciando a vinda do Messias. Suas palavras penetravam no inconsciente coletivo e desenhavam as mais diferentes imagens. Alguns achavam que o homem que ele anunciava apareceria com vestes solenes, outros previam a sua chegada com um séquito de assessores ou com uma escolta. Todos o aguardavam ansiosamente.

De repente surgiu um discreto caminhante no meio da multidão. Procurava passagem tocando delicadamente as pessoas. Ninguém o notou. Subitamente o olhar de João cruzou com o do caminhante. Deu-se um choque emocional.

Ele se aproximou e, embora sua aparência não tivesse nada de especial, João se convenceu de que encontrara o enigmático Messias que estava em seus sonhos. Depois que Jesus foi batizado, ouviu-se uma voz dizendo: "Este é meu filho amado em quem tenho prazer" *(Mateus 3:17)*.

O meu ponto é: de onde Deus falou? Ouviu-se uma voz vinda dos céus, mas onde está esse céu? Infinitamente distante ou muito próximo? Provavelmente é um lugar, uma dimensão mais próxima do que imaginamos.

Os céus a que Jesus se referia não pode ser um lugar físico. Por quê? A velocidade da luz, de acordo com a teoria de Einstein, é a maior existente. Ela demora cerca de oito minutos para chegar do Sol à Terra. A luz das estrelas de outras galáxias demora milhões de anos para chegar ao nosso planeta.

Se Deus morasse num espaço físico, numa galáxia vizinha à nossa, a voz ouvida por João teria demorado milhares ou milhões de anos-luz para chegar até ele. Da sua emissão até a chegada à Terra, inúmeras gerações já teriam nascido e morrido. Portanto, esse céu não pode ser físico.

Se o processo fosse meramente físico, Jesus estaria delirando quando ensinou a oração do *Pai-Nosso*. As orações dos pais pelos filhos distantes, do marido ao lado do leito da esposa doente, do derrotado que procura alívio para sua perda demorariam milhões de anos até chegar ao Autor da existência.

Porém, aos olhos de Jesus, a oração ganha uma dimensão que ultrapassa os limites do tempo e do espaço. É um sistema de comunicação que ultrapassa os limites da física e viaja além de qualquer parâmetro conhecido. Eu fico atônito com esse processo.

Eis o nono segredo: *O céu onde habita Deus-Pai é infinitamente distante e extremamente próximo. É distante o suficiente para não superproteger os seres humanos e próximo o bastante para que seja ouvido o clamor de cada um deles.* Mesmo que esse clamor seja inaudível, mesmo que seja apenas uma lágrima sutil que sai dos becos da emoção ou um sussurro de dor que emana das áreas mais ocultas do intelecto.

O céu parece um lugar intransponível a bilhões de anos-luz de distância, mas simultaneamente encontra-se a menos de um centímetro. Tão próximo que a oração do *Pai-Nosso* e qualquer oração pronunciada, mesmo no silêncio da mente, por toda e qualquer pessoa penetra nos recônditos do ser de Deus. Como não ficar assombrado com esse fenômeno?

Capítulo 8

Santificado seja o Teu nome

O ateísmo de Diderot e a crítica à religião

Continuando a exposição das ideias dos grandes ateus, Diderot, o mais afiado dos filósofos que quiseram banir Deus da sociedade, proclamou:

"É inútil, ó supersticioso, que busques tua felicidade mais além das fronteiras do mundo em que te coloquei. Ousa libertar-te do jugo da religião, minha orgulhosa competidora, que desconhece meus direitos; renuncia aos deuses que se arrogaram o meu poder e volta às minhas leis. Volta outra vez à natureza da qual fugiste; ela te consolará, espantará de teu coração todas as angústias que te oprimem e todas as inquietudes que te atormentam. Entrega-te à natureza, entrega-te a ti mesmo e encontrarás, em qualquer lugar, flores no caminho da tua vida."

(Moura, 2005)

Para Diderot, o ser humano rompeu com as raízes da natureza ao construir religiões. A natureza e somente ela deveria nos consolar de todas as nossas miserabilidades e promover as aspirações e inspirações da inteligência. O seu conceito de natureza é amplo, representando a capacidade de adaptação do ser humano à sociedade e ao meio ambiente.

A crítica filosófica de Diderot à religião é inquietante e radical. O ser humano deveria libertar-se do cárcere da religião e esquecer a busca do transcendental. Raramente um pensador discursou contra a religiosidade como Diderot. Porém, ele comete um erro crasso, pois abraça o que mais rejeita, abraça uma nova religião: a religião da natureza. E faz uma pregação que não difere muito da de um vibrante homem de fé.

Brilhante no discurso, mas ingênuo nas propostas, Diderot conclama as pessoas ao ateísmo para encontrar um caminho de flores nos invernos existenciais. Ele discorre sobre um oásis a ser descoberto nas leis da natureza e na entrega a si mesmo. Mas o processo que defende parece mágico.

Como viver dias felizes se não aprendermos a proteger a emoção? Como ser saudável sem refinar a capacidade de filtrar os estímulos estressantes numa sociedade que esmaga a identidade e nos transforma em números? Como se encantar com a existência se o autodiálogo está cambaleante, e o diálogo interpessoal, doente.

A oração do *Pai-Nosso*, direta ou indiretamente, toca em todos esses pontos. Nela não há nenhuma referência aos privilégios dos filhos. Como vimos, Jesus não promete aos que procuram Deus um jardim sem espinhos. Em todo o Sermão da Montanha, ele insiste que é necessário lapidar a arte de pensar, aprender os caminhos da mansidão, da compaixão, da capacidade de se doar sem esperar compulsivamente o retorno, da superação da ansiedade, do perdão, do desprendimento das ofensas, da conquista de uma emoção livre e apta para amar, inclusive os que nos frustram.

Tanto na trajetória dos ateus como na dos que aderem a uma religião não há caminhos planos, altares festivos e ausência de intempéries. É necessário cultivar as flores, lavrar a terra e, às vezes, irrigá-la com lágrimas. O processo é mais complicado e complexo do que Diderot pensava. Não basta se entregar à natureza para cultivar os caminhos da vida.

Para o Mestre dos Mestres, a vida é longa para errar e construir conflitos, e curta para acertar e construir a sabedoria. Jesus estimulava uma espiritualidade que promove a saúde mental e o prazer de viver, que estimula as funções mais importantes da inteligência, a troca de experiências, a capacidade de pensar antes de agredir, de enxergar um problema por vários ângulos.

O mais forte motivo que incentivou Diderot a anular Deus e substituí-lo pelas dádivas da natureza foi a religiosidade sectária e intolerante que ele observava em sua época. Diderot, infelizmente, não estudou filosoficamente a oração do *Pai-Nosso*. Se a tivesse estudado, provavelmente ficaria perplexo. A segunda frase dessa oração diz: "Santificado seja o Teu nome."

Deus sonha que seu nome seja "santificado". No entanto, por incrível que pareça, Ele não está tão preocupado com sua honra e adoração. Ele se preocupa muito mais com seu status de Pai, um Pai que não discrimina, não exclui e não domina, mas, ao contrário, aposta, investe, acarinha, promove a liberdade nos seus aspectos mais amplos. Diderot talvez nunca tenha entendido, mas seu sonho de um ser humano livre está amplamente desenhado nos segredos da oração do *Pai-Nosso*.

Kant (2001), ilustre filósofo alemão, ao contrário de Diderot, comenta: "É absolutamente necessário estar convencido da existência de Deus; não é igualmente necessário demonstrá-la." Para Kant, as provas racionais da existência de Deus não são possíveis, porque Deus está além dos limites da física e por isso não pode ser provado a partir de nossa experiência de espaço e tempo. Desse modo, crer em Deus depende do fôlego da intuição e do paladar da fé, não da experiência da racionalidade.

As consequências de um nome ferido

Certa vez, no início da minha carreira, atendi um paciente que havia 12 anos não saía de casa. Era portador de fobia social, um prisioneiro em sua própria casa. Ao tentar sair, tinha crises de ansiedade, insegurança, medo de ser observado. Além disso, experimentava diversos sintomas psicossomáticos, como taquicardia, falta de ar, tremores, vertigem, suor excessivo.

Analisando a sua história, compreendi que desde a adolescência esse homem já era introspectivo, hipersensível, tímido e excessivamente preocupado com a opinião dos outros. Era um ser humano ótimo para a sociedade, mas autopunitivo e superexigente consigo mesmo.

Atravessara uma crise financeira em que tinha perdido tudo, em especial o seu "nome". Apesar de ser agricultor experiente, o fracasso da última colheita coincidira com a queda dos preços. Perdeu o crédito no banco e o crédito em si mesmo. A partir daí começou a viver num casulo, encerrado em casa. Desencadeou, assim, um transtorno psíquico chamado fobia social.

Não suportou a dívida financeira nem a dívida da emoção. Sem autoconfiança, sua autoestima e sua autoimagem esfacelaram-se. É fundamental não nos esquecermos de que o mundo pode não acreditar em nós e nos rechaçar, mas, ainda assim, somos capazes de sobreviver psiquicamente. Quando, porém, não acreditamos em nós mesmos e nos autoabandonamos, é quase impossível não adoecer.

A mente do meu paciente virou um palco de terror. Ideias negativas roubavam-lhe a paz. Sentia-se policiado e desconfortável em qualquer lugar público. Escondeu-se no pequeno mundo da sua casa, mas quem pode fugir de si mesmo? Ninguém. Não há um lugar neste mundo onde possamos nos esconder de nós mesmos.

Inúmeras pessoas tentaram resgatá-lo, mas ele era resistente. Os psiquiatras e psicólogos são como agricultores, mas só conseguem ajudar a cultivar o território da psique se os pacientes permitem. Nem sempre o insucesso do tratamento está na falta de experiência dos terapeutas, mas na resistência dos pacientes em deixar sua clausura.

No início do tratamento, meu paciente não abria espaço para que eu pudesse ajudá-lo. Sentia-se o pior dos homens, o mais incapaz. Dizia que seu nome nunca seria restaurado. Seria sempre visto como um mau pagador, malsucedido, um fracassado.

Em vez de empurrá-lo para fora de casa, estimulei-o a frequentar as avenidas do seu ser. Incentivei-o a resgatar sua identidade, a confrontar seus fantasmas, principalmente o fantasma da honra ferida, o monstro do nome dilacerado, a necessidade neurótica de se preocupar com a opinião dos outros e de ter sua imagem social intocada.

Enquanto penetrava no tecido da sua história, encorajei-o a questionar os seus dogmas. Algo único ocorreu depois de 12 anos de masmorra psíquica. Pouco a pouco, ele desenvolveu consciência crítica sobre seu conflito, resgatou a liderança do eu e deixou de ser um espectador passivo de seu drama interior.

O agricultor conheceu o mais complexo dos solos – o da sua personalidade – e começou a lavrá-lo com inteligência. Meses depois reeditou algumas zonas de conflito no inconsciente e inseriu-se novamente na sociedade, feliz, radiante. Parecia um menino que descobriu a liberdade e resgatou o prazer mais excelente diante da vida.

Na realidade, não fiz muito por ele. Os psiquiatras e psicólogos são apenas garimpeiros de diamantes soterrados nos escombros das mentes e nas emoções dilaceradas. Há muitas outras pessoas que sofreram perdas e desenvolveram dramas psíquicos iguais aos desse paciente.

Na grande depressão econômica americana, nos anos 1930 do século XX, muitas pessoas não conseguiram honrar seus compromissos financeiros. Tiveram seus nomes manchados. A honra atirada no lixo produziu os mais variados transtornos.

Alguns enfartaram, outros nunca mais conseguiram ser empreendedores, e outros ainda, sufocados pela baixa autoestima e pelo sentimento de incapacidade, bloquearam a inteligência, perderam o sentido existencial e deram cabo de suas vidas.

E Deus, será que também dá importância ao próprio nome? Está acima dos sentimentos humanos, ou se preocupa com o que os outros pensam Dele? Por que na mais importante oração existe um pedido explícito para que Seu nome seja santificado? Por que alguém tão grande pode ser afetado pelo que se fala Dele? São perguntas inquietantes.

Antes de analisar a frase "Santificado seja teu nome" contida na oração do *Pai-Nosso* e discorrer sobre a relação entre Deus e seu nome, gostaria de comentar alguns fenômenos inconscientes que constroem cadeias de pensamentos e geram o mundo dos símbolos, do qual o "nome" é um dos mais penetrantes.

Muito se repetiu no correr da história que o ser humano foi criado à imagem e semelhança de Deus. A oração do *Pai-Nosso* mais uma vez confirma secretamente essa tese.

O jogo entre o gatilho e a janela da memória

Por que nosso nome nos toca tão profundamente? As críticas, ofensas, injúrias e difamações dirigidas ao nosso nome não lesam nosso corpo. Mas por que lesam tanto a emoção humana?

Perder ou aviltar um nome perturba as raízes do ser humano. Por quê? Porque o nome é um símbolo que representa nossa personalidade, nossa história, o tecido da nossa consciência existencial. Para muitos, o nome é uma obra-prima insubstituível. Algumas pessoas nunca mais foram as mesmas depois que alguém a quem atribuíam valor zombou do seu nome ou se sentiram humilhadas publicamente.

Comentei que a consciência existencial é virtual e que, por ser virtual, tem um imaginário fértil e livre e uma capacidade sem precedentes de construir no intelecto, através do processo de interpretação, todos os fenômenos que nos envolvem. Pensamos no amanhã e no ontem sem que eles existam. Viajamos para planetas e para átomos que nunca veremos.

Como a consciência é virtual, compreendemos o mundo através dos significados psíquicos ou símbolos arquivados na memória. Vou explicar.

Eu posso pensar num paciente, ainda que ele esteja a centenas de quilômetros do meu consultório, através das representações que tenho dele em minha mente. Um pai se preocupa com o filho que se encontra em outro continente, usando as imagens mentais inseridas no teatro de sua mente.

Sem símbolos não há imagens mentais, sem imagens mentais não há construção da realidade. O problema é que os símbolos nem sempre representam a realidade tal como é, mas uma distorção dela. Por isso, pequenos animais podem ser vistos como monstros, falar em público é capaz de gerar um enorme estresse, e um novo desafio produz muitas vezes taquicardia e diarreia.

Para certas pessoas, o nome é um símbolo tão poderoso que sua perda gera um vexame social insuportável, como no caso do paciente a que me referi. Vamos então entender a razão de o ser humano e Deus darem tanta importância ao próprio nome. Para isso, vou explicar como esses símbolos são formados e como, em alguns casos, eles têm o poder de adoecer a psique.

Existe um fenômeno que chamo de RAM – registro automático da memória. Ele arquiva em nossa psique todas as nossas experiências psíquicas, sejam elas saudáveis ou angustiantes, gerando diariamente centenas de representações psicossemânticas ou símbolos. Quando as experiências envolvem rejeição, injustiças, injúrias, o fenômeno RAM as registra de forma privilegiada, gerando numa área da memória uma zona de conflito, que chamo de janela killer.

As janelas killer contêm representações que geram alto volume de tensão. Quando são abertas, bloqueiam milhares de outras janelas, impedindo-nos de encontrar informações capazes de fornecer respostas inteligentes nas situações estressantes. É por isso que os maiores erros da nossa vida são cometidos nos primeiros 30 segundos de ansiedade, depois de uma experiência que causou estresse.

As palavras e reações que nunca deveriam ter sido expressas são produzidas nesse curtíssimo momento. Depois vem o arrependimento: "Puxa, exagerei!", "Poderia ter reagido de outro modo", "Nem pensei em quem estava ao meu lado". Nos momentos de tensão, o *Homo bios* pode prevalecer e dominar o *Homo sapiens*, obstruindo a inteligência e comprometendo os mais diversos níveis de consciência. Por isso, é sábio esperar algum tempo para reagir ante uma situação estressante.

Todos temos janelas killer; uns mais, outros menos. Mesmo as pessoas mais serenas passam por momentos de estupidez e ansiedade. Quem abre as janelas da memória? É aquilo que chamo de fenômeno do gatilho ou da autochecagem (Cury, 1999). Quanto tempo leva para abrir uma janela? Frações de segundos. Diariamente abrimos milhares de janelas das quais extraímos informações para dialogar, pensar, compreender o conjunto de imagens e sons que recebemos.

António Damásio, respeitável neurocientista português, embora talvez não conheça os fenômenos do gatilho e das janelas da memória da teoria da Inteligência Multifocal, fala com propriedade sobre a formação da consciência a partir deles. Diz: "Você está olhando para esta página, lendo o texto e construindo o significado das minhas palavras à medida que lê" (Damásio, 1995).

O que Damásio quer dizer é que cada palavra escrita detona o gatilho, abre as janelas, fornece as representações simbólicas que geram as imagens mentais e ideias e financiam o espetáculo da consciência existencial.

Tenho estudado esses fenômenos por mais de duas décadas. O leitor não percebe, mas centenas de janelas estão sendo abertas durante a leitura deste livro, gerando uma consciência instantânea que o faz ter consciência de quem é, onde está, qual a posição do corpo no tempo e no espaço, qual o ambiente social. As janelas abertas geram a compreensão simbólica da realidade exterior. Parece que isso ocorre não apenas com o ser humano, mas com o Deus da oração do *Pai-Nosso*. Deixe-me explicar melhor.

A complexa personalidade de Deus

Quando alguém nos ofende diretamente ou difama nosso nome, ainda que não nos fira fisicamente, detona o gatilho da memória, abrindo janelas com alto volume de tensão, capazes de nos ferir emocionalmente. É o jogo dos símbolos. Do mesmo modo, um elogio pode irrigar-nos de alegria, ainda que seja exagerado.

No mundo animal, os símbolos não importam. Um predador só é temido se atacar. Nenhuma gazela fica imaginando dias antes do ataque o seu derradeiro momento nem se perturba com o ataque sofrido no mês anterior. Mas na mente humana o jogo inconsciente entre o gatilho da memória e as janelas da memória gera o jogo dos símbolos ou representações psicossemânticas.

Só tem o jogo dos símbolos quem possui uma personalidade complexa, uma consciência virtual de altíssima sofisticação, como é o caso da mente humana. Tal jogo faz com que nos preocupemos com o amanhã e soframos com o passado. Só quem tem uma personalidade complexa se preocupa em construir uma história.

Deus se preocupa em construir uma história? A meu ver, sim, mais do que o ser humano. A própria Bíblia é um relato da história da relação de Deus com a humanidade. Ele dá imensa importância aos símbolos psíquicos. O inusitado pensamento contido na frase "Santificado seja o teu nome" comprova essa tese.

O nome de Deus esquadrinha sua personalidade, seu ser, sua história, sua consciência existencial. A preocupação com o próprio nome revela que Ele dá importância ao jogo das representações mentais. Aqui está o décimo segredo da oração do *Pai-Nosso: Deus não é uma energia despersonalizada, mas um ser concreto, com uma personalidade altamente sofisticada, que constrói uma história e se preocupa com os símbolos psíquicos, entre os quais seu nome tem grande destaque.*

Deus pode ser todo-poderoso intelectualmente, mas sua estrutura emocional não está isenta de alegrias e sofrimentos. Ele sente decepções e prazeres. O Deus do *Pai-Nosso* é mais "humano" do que podemos pensar, e nós somos mais "divinos" do que imaginamos. Jesus escandalizou os religiosos da época dizendo: "Vós sois deuses."

Jesus não queria dizer que devemos ser adorados, que somos infalíveis ou intocáveis. Ele sabia que somos cheios de falhas e fragilidades. Queria dizer que a estrutura emocional, e em certo sentido também a intelectual, tem princípios compatíveis com a do Deus que ele revela. Afinal de contas, só pode haver pai e filhos se ambos tiverem o mesmo nível de complexidade. Caso contrário, o conteúdo da oração do *Pai--Nosso* é uma utopia – algo irrealizável.

Quem é Deus? O que Ele está sentindo neste exato momento? O que Ele está pensando do meu livro? Meus textos são tolices, ou têm algum fundamento? O que Ele está sentindo a respeito do conflito árabe-

-judeu? A oração do *Pai-Nosso* nos provoca, rompe o superficialismo religioso e nos estimula a dar a importância à personalidade de Deus.

Deus sofre, sente júbilo, se frustra, se encanta com as reações humanas externas e com os pensamentos e intenções represados no recôndito silencioso das nossas mentes. Se o seu nome – Deus – não tivesse importância alguma, falar bem ou difamá-Lo também não teria importância. Mas Ele espera que seu nome seja santificado, valorizado, amado, honrado.

Um elogio, uma atitude humilde, um ato de amor e uma reação de generosidade não abalam em um milímetro a rotação da Terra, muito menos o movimento das estrelas, mas são capazes de abalar a estrutura emocional do misterioso Autor da existência. A interpretação do *Pai-Nosso* me inquieta e me encanta.

O paradoxo de Deus

A frase "Santificado seja o Teu nome" oculta também o décimo primeiro segredo: *o paradoxo de o Pai querer que seu nome seja conhecido, honrado, difundido e santificado no meio da humanidade, mas, ao mesmo tempo, procurar o anonimato.*

Diariamente milhares de pessoas em todas as sociedades lutam para preservar seu próprio nome, sua imagem. Algumas têm uma necessidade neurótica de autopromoção e se empenham para tornar seu nome célebre. Outras sentem uma necessidade compulsiva de colocar seu nome nos anais da história. Muitas pagam para sair nas colunas sociais. Há mesmo as que se dizem tão humildes, que têm orgulho da própria humildade.

Jesus usou o verbo no imperativo na construção da oração do *Pai-Nosso*: "Santificado seja", "Seja feita a Tua vontade", "Venha a nós o Teu reino", "Dá-nos o pão de cada dia", etc. É uma oração suave, mas revolucionária; tranquila, mas estrondosa. É uma pena que as pessoas a recitem sem compreendê-la em profundidade.

Apesar de usar o verbo no imperativo, uma análise filosófica das implicações desses verbos revela uma brandura fascinante. Nas Antigas Escrituras, ou Velho Testamento, algumas vezes Deus se apresenta como o poderoso senhor dos exércitos. Mas no Novo Testamento sua imagem é a de um Pai sensível, gentil, que possui uma solidão, que deseja abraçar toda a humanidade, mas dá plena liberdade para cada um seguir seu caminho. Como atrair os seres humanos? Que método usar?

Se quisesse controlar o ser humano e subjugá-lo seria facílimo para Ele. Mas Deus parece gostar do caminho mais complicado e inexplicável. Ele nos deixa atônitos com a singeleza das suas reações.

No grego, santificar significa "exaltar em adoração". Também significa ser separado e honrado de maneira única e exclusiva. Deus quer que seu nome seja santificado e adorado, mas, em vez de usar sua força descomunal, pede que o "grupo" de seguidores de Jesus realize seu desejo, sem qualquer gota de pressão ou agressividade. Nada tão estranho para alguém que possui tanto poder!

Deus quer ser honrado no seio da humanidade, mas, em vez de impor sua vontade, pede que as pessoas usem a ferramenta da oração do *Pai-Nosso* e de outras orações para realizar seu intento. Nada tão perturbador! Quer que os seres humanos o exaltem, mas foge dos holofotes da mídia e não pune quem lhe dá as costas. Como não ficar fascinado com esse Deus?

Gostaria de saber se há algum teólogo que não se perturbe com esses comportamentos paradoxais. A teologia estuda Deus há milênios, mas quem pode perscrutá-Lo? Não sou teólogo, mas para mim um dos mais importantes ensinamentos da teologia deveria ser: *"Estudamos Deus, mas, quanto mais O estudamos, mais concluímos que não O entendemos."*

Se o estudo teológico, psicológico ou filosófico sobre Deus gerar orgulho e arrogância, algo está profundamente errado. Se despertar humildade e revelar nossa ignorância, estamos no caminho correto. Apesar de entrar em áreas que talvez outros não tiveram a oportunidade de estudar, cada vez mais penetro na minha ignorância.

Perturbados com o fato de Jesus não se autopromover, de valorizar o conteúdo, e não a estética, o interior, e não o exterior, alguns dos seus íntimos interromperam a caminhada da Galileia para Jerusalém e o questionaram: "Não conseguimos entendê-lo. Ninguém que deseja ser divulgado procura se ocultar. Declara-te ao mundo."

Por que uma minoria é exaltada pela mídia, enquanto uma grande maioria gravita em sua órbita? Esse é um sinal de insensatez das sociedades modernas. Aqueles que buscam a fama e desprezam a riqueza escondida nas coisas simples e anônimas destroem sua saúde emocional.

O Mestre dos Mestres sabia que o culto à celebridade era uma estupidez da psique humana. Não queria ser exaltado de fora para dentro, mas de dentro para fora. Não queria uma plateia de torcedores, mas de pessoas que conhecessem o alfabeto do amor e da sensibilidade.

Carlos Magno comete atrocidades em nome de Cristo

Milhões de cristãos adoecem psiquicamente porque valorizam o julgamento de um Deus severo, e não a compreensão do Pai amoroso; exaltam a grandeza do Criador, e não o abraço do Pai; enfatizam o temor que inspira o Todo-Poderoso, e não o afeto do Pai. Construíram em seu inconsciente um Deus diferente do que se revela no *Pai-Nosso*.

No século VIII surgiu na Europa um poderoso e legendário rei, Carlos Magno. Ele se tornou o mais importante dos carolíngios, nome pelo qual sua linhagem passou a ser conhecida. Patrocinou a literatura e as artes e procurou ampliar a grandeza da corte com a sabedoria cristã.

Carlos Magno era um rei guerreiro que se sentiu investido da missão da santificação cristã. Queria levar o nome de Deus e a conversão à fé cristã a todos os povos pagãos da Europa. Empreendeu muitas lutas, derramou sangue e forçou inúmeras pessoas a deixarem seus deuses e aceitarem o nome de Jesus Cristo. Subjugou povos para levar adiante a bandeira de Jesus, um absurdo inconcebível. Carlos Magno não conheceu o código do *Pai-Nosso*.

Se Jesus estivesse presente fisicamente nos tempos desse rei, também seria morto, considerado um herege, pois seu evangelho só tem validade quando se expõem as ideias, em vez de impô-las, quando se dá a outra face, quando se ama o inimigo e se respeitam as diferenças.

Muitos outros reis fizeram guerras em nome de Cristo. Na realidade, inventaram um "Cristo" em sua mente como desculpa para dar vazão à própria ambição, para dar curso à sua arrogância e sede de poder. Lembrem-se do que já dissemos: como a consciência existencial é virtual, torna-se facílimo criar um Jesus totalmente distante da realidade.

Quem são os piores inimigos das teorias existentes na ciência? São seus defensores radicais. Os piores inimigos de Marx foram os marxistas que não tiveram a ousadia de reciclar suas ideias e adaptá-las às situações atuais. Os piores inimigos da democracia também são seus defensores radicais que se enclausuram em suas ideias e não abrem o leque da inteligência para corrigir rotas.

Toda forma de radicalismo é um câncer contra a sabedoria. Quem são os piores inimigos de Deus? São seus defensores radicais! Aqueles que criaram em suas mentes um Deus que mata, fere, chantageia e conquista novos adeptos com uma "espada" sobre seus pescoços. Por isso o fundamentalismo gera transtornos inimagináveis

Apesar de Deus ter muitos nomes na Bíblia, bem como na Torá e no Alcorão, a deslumbrante oração ensinada por Jesus só aponta um nome: Pai. Pai é um nome que qualquer ser humano compreende, um nome que não fere nenhuma cultura e não fomenta qualquer sectarismo.

E por que a frase "Santificado seja o Teu nome" vem logo depois de "Pai-Nosso que estás nos céus"? Porque a honra e a grandeza de Deus não são o mais importante, mas sim seu coração de Pai. Muitos pais se preocupam sobretudo em fazer seus filhos os honrarem, obedecerem e seguirem seu manual de regras. Pouco investem no amor solene na relação com os filhos.

Tratam os filhos como depósitos de informações. Colocam-nos nas escolas para que os professores os eduquem no microcosmo da sala de aula, mas esquecem de criar um clima de afeto no microcosmo da sala de casa, procurando desenvolver a troca, o toque, o contato e o amor. Qual é o resultado? A falência do amor nos tempos modernos. A solidão grita. Como sempre enfatizo, a família moderna se tornou um grupo de estranhos.

Deus parece ter pavor de que sua família se torne um grupo de estranhos. É o amor do Pai que vem primeiro, seguido depois de seu nome, da obediência, da honra e de tudo o mais. Se o objetivo fundamental desse misterioso Deus fosse ter filhos bem-comportados, obedientes e perfeitos, seria melhor que criasse robôs, pois nós, seres humanos, somos uma decepção. Mas Deus é dependente do amor.

A humanidade toda pode aplaudi-lo, reverenciá-lo, mas, se não houver um relacionamento íntimo e espontâneo regado pelo amor, Deus não saciará sua necessidade psíquica. Ainda será um Deus solitário e frustrado. É o amor que movimenta o intelecto do Autor da existência, que o encanta, o envolve, o inspira e é capaz de tocar o cerne da sua estrutura.

Capítulo 9

Venha a nós o Teu reino

Um trono no coração psíquico

Jesus se posicionou nos evangelhos como o Filho de Deus, e esta posição entra na esfera da fé. Ele demonstrava que sabia de quem estava falando. Para ele, Deus é um rei. Como rei, Ele deveria ter um reino cercado de pompas, glórias e fausto.

Mas, apesar de ter se posicionado como filho desse rei, Jesus recusava insistentemente o trono político. Sua reação era incompreensível. Uma boa parte da população de Jerusalém queria aclamá-lo rei de Israel.

Entretanto, no auge da fama, quando as multidões o colocavam nas alturas, Jesus chocou todo mundo ao entrar na grande cidade de Jerusalém sem uma comitiva, sem pompa, mas montado num pequeno e desajeitado jumento. Foi um ato consciente e deliberado.

Ao seu lado se encontrava um grupo de galileus que se apresentavam como seus seguidores. Antes de entrar em Jerusalém, estavam eufóricos com a fama de seu mestre, sentindo-se ministros do rei. Ao ver seu despojamento, ficaram abalados e tão espantados quanto a multidão. Provavelmente alguns tenham querido esconder o rosto e disfarçar as reações para não revelar que o seguiam.

Os discípulos tinham ouvido a oração do *Pai-Nosso*, mas não a entenderam. Ouviram Jesus clamar "Venha a nós o Teu reino". Imaginaram que Deus fosse um rei e que, como tal, deveria dominar a Terra. Enxergaram o que a maioria enxerga diante de uma obra de arte: apenas os traços marcantes da imagem, não os detalhes mais profundos.

"Venha a nós o Teu reino" parece uma frase de simples compreensão, mas possui significados chocantes. Durante muito tempo eu a explorei e fiquei impressionado com suas implicações políticas e filosóficas. Aos olhos do Mestre da Vida, Deus é um rei completamente diferente de todos os reis que a Terra conheceu. *Deus não quer um trono político, mas um trono no coração psíquico do ser humano.* Esse é o décimo segundo segredo.

O desprendimento de Jesus pelo poder político era um reflexo de que o Deus-Pai que ele divulgava também não estava interessado nesse tipo de poder. Ele já tinha um poder incomensurável e não precisava demonstrá-lo.

Deus queria ser um rei que não escraviza, domina e explora seus servos. Queria ser rei nos solos da mente e do espírito humanos, uma área em que tanto intelectuais como iletrados, tanto ricos como miseráveis são frequentemente frágeis. Almejava o trono interior para se tornar o maior provedor da mais plena liberdade, aquela que começa de dentro para fora.

Jesus foi o protótipo dessa liberdade. Foi um grande rei de si mesmo. Reinou sobre o orgulho, o medo, o individualismo, o egoísmo, o ódio, a vingança, a culpa. Reinou sobre o desespero, a ansiedade, o mau humor, a irritabilidade.

Quando Jesus disse "amai os inimigos e orai pelos que vos perseguem", fez um pedido impossível para o ser humano. Mas fez porque vivia o que pediu. Jesus conseguia amar seus inimigos e tratar com serenidade os que o maltratavam. Não era um fraco nem um psicótico, mas alguém livre, tão livre que era capaz de compreender e amar as pessoas que o frustravam. Ninguém lhe roubava a tranquilidade.

Quando disse para dar a outra face, estava afirmando que o ser humano pode aprender a ser tão forte e seguro a ponto de tornar-se capaz de elogiar quem o ofende, de abraçar quem espera uma rejeição, de acolher quem mereceria ser afastado. Lembre-se de que é nos primeiros 30 segundos de tensão que cometemos os maiores desatinos. Muitos assassinatos e suicídios ocorrem nesse período. Se aprendêssemos a dar a outra face, muitos acidentes teriam sido evitados na história.

Eu tento ser crítico dos comportamentos de Jesus, mas eles me deixam abismados. Muitos têm uma necessidade neurótica de ser o centro das atenções, de buscar obsessivamente o prestígio e o status social (Horney, 1993). Mas Jesus reinou sobre essa necessidade. Ao contrário, vivia em função dos outros, mesmo quando mutilado na cruz, quando deveria ter se voltado apenas para seu próprio sofrimento.

Quando carregava penosamente a cruz a caminho da crucificação, viu inúmeras mulheres aflitas chorando por sua causa. Apesar de estar todo cortado pelos açoites e enxergando pouco devido aos edemas faciais, interrompeu seu dramático cortejo *(Lucas 23:28)*. Fitou essas mulheres e lhes disse que não se importassem com ele. Pediu que se preocupassem com elas mesmas e derramassem lágrimas por seus filhos.

Que homem era esse que não cessava de se doar, mesmo quando não tinha forças? Que mestre era esse, capaz de consolar as pessoas, quando ele mesmo necessitava de alívio? Jesus foi um rei, o mais excelente líder de si mesmo.

A expansão territorial nos EUA

Em 1800, os Estados Unidos tinham seis milhões de pessoas. Cinquenta anos depois, multiplicou sua população por quatro, passando a 23,5 milhões. Inúmeros povos migraram para o país, promovendo uma explosão populacional. A mistura de raças foi um bálsamo cultural para os EUA, expandindo o conhecimento, a tecnologia e o desejo exploratório.

Independentemente das críticas que possamos fazer à atual política externa norte-americana, o fato é que a superpotência sempre foi um exemplo de hospitalidade. No início do século XIX, ao expressivo aumento populacional acrescentou a expansão territorial.

Em 1803, os EUA executaram o maior golpe da diplomacia do século XIX, a "compra de Louisiana". Pela ninharia de 11.250.000 dólares adquiriram da França um território maior do que todo o território que possuíam. A França não imaginava a dimensão da perda.

O alcance desse ato diplomático foi enorme. Acrescentou-se à nação americana não apenas o estado de Louisiana, mas também o Arkansas, Iowa, Nebraska, Dakota do Norte e do Sul, grande parte de Minnesota, Kansas, Wyoming, Oklahoma, Montana e considerável parte do Colorado. A compra do Alasca, pertencente à Rússia, seguiu a mesma trajetória. Foi uma das raras vezes em que não se pegou em armas para expandir um território.

Analisando a frase "Venha a nós o Teu reino", percebemos que o reino de Deus também é expansionista. Ele almeja alargar suas fronteiras. Mas como realizar essa expansão? Qual a sua esfera de governo? Que fundamentos jurídicos o constituem? Quais são suas classes? Que terras ele quer ocupar? É possível alargar seu território usando dinheiro, comprando terras, como fizeram os EUA?

Um reino tem território, burocracia, normas, leis, constituição, sistemas de controle e castas distintas de pessoas, como os nobres, os políticos, os militares, comerciantes, agricultores, plebeus, e assim por diante. Em todo reino há os que ocupam o palácio e têm acesso às suas benesses e há os que o sustentam.

A ênfase de Jesus sobre a vinda do reino na oração do *Pai-Nosso*, bem como seu discurso ao longo da vida, indica que o Reino de Deus tem uma esfera de governo e princípios de condutas que invertem todos os nossos valores. Vejamos de que maneira.

O ateísmo de Karl Marx e o ópio social

Marx sonhou com um governo em que o proletariado vivesse uma teia de igualdade e onde não houvesse lutas de classes (Marx, 1982). Um dos obstáculos para atingir seus objetivos era a religiosidade. Para ele, a religiosidade era o ópio da sociedade, capaz de obstruir a habilidade de pensar e decidir.

Além de tentar banir a religião, os que implantaram o socialismo na Rússia controlaram os meios de produção, os meios de comunicação e até o comportamento das pessoas. Foi um desastre social e psíquico. O controle dos meios de comunicação castrou a liberdade. O controle da produção obstruiu a competitividade e o desenvolvimento tecnológico. A criatividade nasce no terreno dos desafios, do estresse saudável. O sonho da igualdade imposto de fora para dentro gerou o pesadelo da desigualdade.

Deus não é capitalista. Também não é socialista, mas seu sonho de igualdade é maior do que o imaginado pelos socialistas. Ele sabe que os seres humanos possuem potenciais e capacidades diferentes. Sabe que algumas pessoas têm mais habilidades do que outras. Aceita e admite isso.

A igualdade nasce não porque todos são iguais, mas porque usam suas diferenças para suprir as necessidades uns dos outros e para promover a harmonia e a solidariedade. A igualdade nasce primeiramente no território da emoção, para depois conquistar o território da razão.

Jesus nos deixa perplexos ao inverter os valores e afirmar que os maiores devem servir os menores. Os que têm mais capacidade devem honrar os menos capazes. Para ele, os fortes devem ter compaixão e compreensão. Esse foi o último grande ensinamento de Jesus aos seus discípulos. Como os maiores servirão os menores? Como os grandes cuidarão dos pequenos? Isso raramente ocorreu na história.

Jesus viveu o que ensinou. Gosto dessa frase que cunhei para sintetizar seu comportamento: *nunca alguém tão grande se fez tão pequeno para tornar os pequenos grandes*. Para o Mestre dos Mestres, doar-se é um privilégio, um júbilo solene, e não um martírio. Quem tem sede de poder não é digno dele.

Se Marx tivesse estudado a atmosfera social do reino proposto na oração do *Pai-Nosso*, teria ficado embasbacado e provavelmente repensaria alguns pilares do sua famosa obra *O capital*. O monarca do reino anunciado por Cristo é incapaz de entorpecer a psique de alguém. Seu governo é um raio de sanidade em nossa rígida e mesquinha inteligência. É uma fonte que gera mentes livres.

O décimo terceiro segredo do Pai-Nosso é que *o reino de Deus é constituído de uma grande família real: o Pai e os filhos. Não há classes sociais nem súditos, embora as personalidades sejam diferentes*. Apesar das diferenças profissionais e sociais entre as pessoas, é a primeira vez na história que um reino não tem servos nem uma minoria privilegiada. Uma prostituta tem o mesmo valor que um religioso.

Um novo ser humano

Como esse reino é expandido? *O reino de Deus é alargado não pela força ou pelo dinheiro, mas por gestos que exalam mansidão*. Esse é o décimo quarto segredo. Minutos antes de ensinar a oração do *Pai-Nosso*, Jesus disse: "Felizes os mansos, porque herdarão a terra" *(Mateus 5:4)*. Ele fala do território desse reino que, como já disse, refere-se principalmente ao interior do ser humano.

Quem é manso? Quem é tranquilo? Eu já me decepcionei com muitas pessoas aparentemente tranquilas. O mais tranquilo dos seres humanos tem suas crises de estresse. O mais sereno passa por momentos de desespero. Não é difícil defender uma tese de mestrado ou doutorado, mas construir uma emoção tranquila é dificílimo. Não é difícil dar conferência para milhares de pessoas num auditório, mas lapidar uma emoção que suporta com mansidão as frustrações é uma árdua tarefa.

Prevendo nossas enormes dificuldades nesse campo, como estudaremos no segundo livro do *Pai-Nosso*, Jesus discorreu sobre o mais penetrante e importante nutriente da personalidade: o pão nosso de cada dia, em especial o pão da tranquilidade.

Quem não se nutre desse pão adoece psiquicamente e leva as pessoas ao seu redor a adoecerem. Além disso, não conquista os territórios da própria psique, permanece na superfície da inteligência. Pode ter cultura acadêmica, mas será sempre uma criança na maturidade psíquica.

Ao clamar "Venha a nós o Teu reino", Jesus fala não apenas sobre a esfera incomum do reino de Deus, uma esfera social impensável pela democracia e inatingível pelo socialismo. Ele também anuncia a possibilidade de construção de um novo ser humano.

Um ser humano alegre, satisfeito, criativo, emanando tranquilidade, que se renova diariamente, que não experimenta o tédio, que ama o outro como a si mesmo. Um ser humano que tem domínio próprio, que lidera e administra seus pensamentos e emoções, que supera o individualismo, mas, ao mesmo tempo, cultiva a individualidade e os diferentes potenciais que geram as aspirações e os sonhos. Não há um ser humano completo a esse ponto, mas há aqueles que investem para caminhar nessa direção.

Milhões de pessoas repetem a oração do *Pai-Nosso*, mas quem é incendiado por suas labaredas e vive os seus segredos?

Capítulo 10

Seja feita a Tua vontade

O Homo bios *possui instinto, o* Homo sapiens *possui "vontades"*

Jesus continua a ensinar a oração do *Pai-Nosso*. Ele quebrou paradigmas milenares com simples frases. Dissecou a solidão de Deus. Aliviou os temores humanos, revelando que o ser mais poderoso do universo é simplesmente um Pai carente de afeto.

Esfacelou toda e qualquer divisão ao inferir que esse Pai não é apenas pai dos judeus e dos cristãos, mas Pai da Humanidade. O sonho do grande *Pai-Nosso* envolve todo e qualquer ser humano. Jesus também nos deixou atônitos ao indicar que, apesar de ser apaixonado pela humanidade, esse Pai está nos céus, próximo para nos ouvir e distante o bastante para não nos controlar.

Espantou-nos afirmando que Deus tem reações psíquicas muito próximas das de qualquer mortal. Assim como nós, Ele se preocupa com o próprio nome, aprecia elogios, alegra-se quando é honrado, valorizado, aceito, envolvido, seja nos pensamentos seja nos diálogos humanos.

Foi mais longe ainda ao dizer que Deus possui um reino. Mas estilhaçou nossos conceitos ao mostrar que o desejo desse Rei é diferente do de todo rei humano ou líder político. Ele não quer controlar, dominar ou constranger o ser humano, mas libertá-lo de dentro para fora. Quer ensiná-lo a ser rei de si mesmo, líder do teatro da sua mente. É por isso que Jesus disse "conhecereis a verdade e a verdade vos libertará" *(João 8:32)*. Ele quer libertar, irrigar o ser humano de alegria, sabedoria e paz.

Continuando sua oração, Jesus fala de uma palavra aparentemente simples, mas que possui grande significado: vontade. Antes de entrar especificamente nesse pensamento, preciso tecer alguns comentários sobre a vontade como fenômeno psicológico.

A vontade representa a capacidade de escolha, de corrigir rotas, de definir metas. A capacidade de escolha, por sua vez, é fruto da consciência de um ser que pensa, sabe que pensa e tem capacidade de traçar, através dos seus pensamentos, os próprios caminhos e, desse modo, autodeterminar-se. A vontade nos retira do casulo psicológico, nos anima, estimula e excita.

Nietzsche defendeu a tese de que o mundo se constitui de vontade e poder (Durant, 1996). A construção das mais variadas vontades, sejam elas lúcidas ou estúpidas, altruístas ou egoístas, projetos a longo prazo ou desejos fugazes, bem como o poder para executá-las constituem o cerne do tecido social. Quem elabora vontades e consegue as ferramentas para materializá-las ocupa espaço, conquista terrenos, seja no campo financeiro, social ou intelectual.

Há vontades construtivas e vontades destrutivas. Se os diversos psicopatas que existem na sociedade, inclusive nos meios políticos, tivessem poder para executar suas vontades, causariam desastres. Tornar-se-iam ditadores cruéis, gerariam sociedades fascistas, fariam faxinas étnicas.

De outro lado há inúmeras pessoas altruístas que, se tivessem o poder democrático para executar suas vontades, seriam promotoras de sociedades justas e livres e brilhariam mais do que qualquer político. A vontade é diferente do instinto. O instinto representa uma pulsão biológica direcionada para a sobrevivência, como a fome, a sede e o sexo. A vontade é uma construção intelectual e emocional. A vontade é fruto da inteligência; o instinto, da carga genética. Por que nossa espécie é tão complexa e complicada? Porque nossas vontades convivem com nossos instintos. O homem intelectual convive com o homem animal.

Chamo de *Homo bios* nosso lado instintivo e de *Homo sapiens* a nossa face pensante. Há uma luta quase permanente nas salas de aula, nos escritórios e nas empresas entre o *Homo bios* e o *Homo sapiens*. Quando o primeiro prevalece sobre o segundo, ele potencializa os instintos, levando o ser humano a cometer atrocidades inimagináveis que outros animais jamais cometeriam, como guerras, vinganças, discriminações, competição predatória, assassinatos.

Mas quando o *Homo sapiens* prevalece sobre o *Homo bios*, algo fenomenal ocorre. Ele aprende a se colocar no lugar dos outros, se doa, se entrega, protege, solidariza-se, apoia, elogia. O *Homo bios* vive para si; o *Homo sapiens*, para si e para os outros. Quem só vive para si e sempre coloca suas necessidades em primeiro lugar é instintivo, tem o lado animal dominante, ainda que possua status de intelectual e títulos acadêmicos.

Conclusões inquietantes

A multidão mal respirava ao ouvir as palavras do Mestre dos Mestres. Sua oração era música aos ouvidos do povo, mas certamente suas ideias não eram entendidas. Como acontece hoje, as pessoas que escutavam Jesus não prestaram atenção aos detalhes do que ele revelava. Mesmo os discípulos não penetraram nos segredos da oração naquele momento. Era um tesouro que precisaria de décadas para ser desvendado. E provavelmente alguns deles morreram sem conhecê-lo plenamente.

Jesus fez uma breve pausa, inspirou profundamente e proclamou: "Seja feita a Tua vontade, assim na terra como no céu." Vou começar tratando da primeira parte dessa frase.

A análise da frase nos leva a importantíssimas conclusões. A primeira é que Deus tem uma vontade, o que indica que Ele possui uma personalidade complexa, uma estrutura intelectual sofisticada. Já tratei dessa questão ao abordar o pensamento contido em "Santificado seja o Teu nome". Agora iremos ver que a psique de Deus é uma fonte de desejos.

As Escrituras dizem que Deus é o único ser que existe por si mesmo. Ele não precisa de nada para sobreviver, não se deteriora, não envelhece, não dissipa sua energia nem esgota sua existência ou experimenta os efeitos do caos que desorganiza toda a estrutura física no universo. Deus não possui, portanto, instintos nem precisa deles. Ele possui vontades.

Na oração do *Pai-Nosso*, Jesus não fala de uma vontade qualquer, produzida aleatoriamente. Não podemos nos esquecer que essa oração é um mapa sintético, um corpo de enigmas que decifra o coração psíquico do Autor da existência. A segunda conclusão a que ela nos leva é que a vontade apontada por Jesus é uma vontade solene, sublime, que alça voos eternos e revela um plano quase indecifrável.

Eis o décimo quinto segredo: *a vontade de que fala a oração do Pai-Nosso revela o projeto de vida de Deus*. Um projeto rigorosamente bem planejado, cuja execução O levará até às últimas consequências.

Que projeto é esse? É o projeto do Pai. Seu projeto é ter uma família eterna, uma nova sociedade onde não haverá luto, dor, lágrimas, angústias, injustiças, mesmice. Ninguém pode negar que se trata de um sonho fascinante.

A vontade de Deus não é individualista nem egocêntrica. Ela inclui todos os seres humanos e é irrigada de afeto, pois não constitui o projeto de um Criador cercado de poder, mas de um Pai apaixonado por suas criaturas.

Deus não é passivo, aborrecido, inerte ou alienado. Ele não está sentado num trono em algum lugar do universo, com o cenho cerrado e reclamando: "Que vida dura! Como é difícil realizar minha vontade com os humanos!"

O Deus que Jesus revela com suas palavras e comportamentos é uma pessoa sorridente, de bom humor, sociável, que adora uma boa conversa e aceita de bom grado até mesmo uma simplória oração. Essa é a terceira conclusão.

Harold Bloom, respeitável crítico literário americano, comenta que

Deus não é uma divindade amorosa como a que os cristãos cultuam (Bloom, 2005). Ele diz ainda que Jesus tinha uma relação social pouco afetiva, era pouco apegado aos seus discípulos. Se Bloom tivesse tido a oportunidade de analisar os comportamentos de Jesus, como eu o fiz, provavelmente reveria sua posição.

Na coleção *Análise da Inteligência de Cristo* mostrei um Jesus que implode conceitos teológicos. Ele gostava de festas e jantares. Era tão espontâneo, agradável e sociável que tinha a ousadia de se convidar para jantar na casa de pessoas que não conhecia.

Somos engessados, temos uma preocupação neurótica com nossa imagem social e com a opinião alheia. Jesus, não. Era espontâneo, solto, vibrante. Creio que o Deus que ele revelava tem as mesmas características. Tal Pai, tal Filho.

A vontade de Deus o anima, excita, rejuvenesce e transforma no maior sonhador de todos os tempos. Essa é a quarta conclusão. Só um indecifrável sonhador carregaria no mapa da sua alma uma vontade que não se dissiparia nos tempos eternos. Entendo que para quem passou uma eternidade na solidão a humanidade deve ser uma festa, ainda que possa lhe arrancar "lágrimas" e transformar-se num grande pesadelo.

É melhor sofrer decepções do que não ter ninguém com quem se decepcionar, do que viver no silêncio. Devemos nos lembrar que para nós o tempo é fundamental, para Deus ele não existe. A vida média do ser humano é de 70 anos. Para Deus, esses anos são lampejos, breves minutos.

Mesmo 20 ou 30 bilhões de anos, que provavelmente é o tempo de existência do universo, é apenas um soluço de tempo perante a eternidade. Esse longo intervalo não deve durar para Deus muito mais do que o tempo da aurora ao ocaso de um dia.

Os anti-heróis executando a vontade de Deus

A quinta conclusão da frase "Seja feita a Tua vontade" é que, sob o prisma da psicologia, a vontade de Deus evoca os mais altos patamares da maturidade psíquica. Os psicopatas vivem para si, os sensíveis se preocupam com algumas pessoas e os supersensíveis vivem para os outros. Deus é, no melhor sentido da palavra, supersensível. Ele vive para os outros.

Analisaremos posteriormente que, por incrível que pareça, Deus pensa mais na humanidade do que em si mesmo. Alguns dirão: "Não é possível. Veja quantas misérias solapam as sociedades! Onde está Deus?" Essa pergunta é cortante e tem fundamento. Eu mesmo a fiz de diversas maneiras. Mas vamos deixar para discuti-la no próximo capítulo, quando entrarmos no grande embate filosófico entre Voltaire e Rousseau diante de uma calamidade que abalou a Europa em seu tempo.

Jesus pediu à multidão que orasse rogando a Deus para que Sua vontade fosse realizada. Por que Deus, cujo poder não tem limites, precisa da nossa oração para cumprir sua vontade? Não parece loucura? Se um rei tem um grande projeto e condições de executá-lo, por que precisa das frágeis súplicas humanas para estimulá-lo a cumprir sua vontade?

A sexta conclusão é que, apesar da importância do projeto para a humanidade, o misterioso Autor da existência rejeita o exercício do poder para executá-la. Ele possui um plano global e eterno, mas se recusa a usar a força para que esse plano saia da sua prancheta.

O fato de se colocar como um Pai faz com que Deus aja ao contrário do que o senso comum pensa de um líder. Ele não trata os seres humanos como serviçais, como criaturas que devem se prostrar diante de sua grandeza, mas como potenciais filhos. Como um Pai amoroso, que respeita os filhos, Deus não exercerá essa vontade de cima para baixo, mas de baixo para cima, ou seja, contando com a participação humana.

Ficamos com a impressão de que Deus dificulta as coisas, pois onde entra o ser humano entra o ciúme, a inveja, as segundas intenções, a competição predatória. Compreensível ou não, esse é o caráter de Deus apresentado por Jesus. O poder ilimitado do Deus da Bíblia encontra seus limites na ação humana. Ele não age se o ser humano não agir.

A sétima conclusão é que, apesar de ser decisivo na execução do projeto de Deus, o ser humano também deve desprezar o poder exercido pelas armas, pela pressão social, pela força física, pelo controle financeiro. Deve, ao contrário, valorizar as ferramentas nobilíssimas da inteligência que foram apresentadas no Sermão da Montanha.

Essas ferramentas se contrapõem ao ensinamento milenar das civilizações. Elas não constroem gigantes, mas anti-heróis. Para a sociedade individualista e agressiva, esses anti-heróis são fracos e tolos, mas para o senhor do universo são os verdadeiramente fortes, felizes e bem-aventurados.

Para Deus, os fortes usam o diálogo; os fracos, o poder e as armas; os fortes são pacificadores, diplomatas da paz; os fracos promovem conflitos; os fortes perdoam; os fracos condenam; os fortes amam e dão a outra face; os fracos excluem e, às vezes, eliminam os que pensam de forma diferente; os fortes não fazem propaganda de seus atos generosos; os fracos são especialistas em autopromoção, ainda que através de ações sutis.

A que classe pertencemos? Dos fortes ou dos fracos? Não poucas vezes reconheço que pertenço ao rol dos fracos. O Sermão da Montanha é um espelho que reflete nossas fragilidades e denuncia nosso egoísmo.

São os anti-heróis que cumprem a vontade do mais misterioso dos seres – Deus. São os que não se escondem atrás da sua maquiagem de falsa perfeição. Que Deus é esse que esfacela conceitos e inverte nossos valores?

Procurando intimidade como o ofegante procura o ar

Um dos maiores erros das teologias das várias religiões ao longo dos séculos foi a formação de uma classe de especialistas em Deus que não se apoiaram nos alicerces da humildade. Humildade vem da palavra grega *humus*, que é a camada mais fértil do solo. Sem a humildade, a mente não fertiliza as ideias, não abre o leque da inteligência para descobrir o novo.

Alguns técnicos em Deus consideraram Jesus o mais herético dos seres. Não era possível que na pele de um miserável de Nazaré, um maltrapilho social, se escondessem os tesouros da sabedoria. Ao longo das eras, achando que estavam servindo a Deus, alguns técnicos em teologia, usando sua cartilha de heresias, subjugaram pessoas, sufocaram ideias, calaram vozes.

Infectados pelo orgulho, esqueceram-se de ser pequenos aprendizes. Apesar de termos produzido milhões de livros com bilhões de informações nas mais diversas áreas, da física à filosofia, da psiquiatria à teologia, ainda somos crianças mergulhadas num universo de mistérios. Sabemos muito pouco do quase-nada.

A todo momento temos o que aprender com os seres humanos e as experiências. Apesar de pesquisar e teorizar sobre o intangível funcionamento da mente por muitos anos, procuro aprender belíssimas lições com cada pessoa.

Mesmo os pacientes psicóticos, perturbados com suas alucinações e assombrados por ideias de perseguição, têm muito a me ensinar. Até um paciente depressivo cujo prazer de viver foi esmagado e teve o sentido existencial esfacelado pode nos dar preciosas lições.

Quem perde a capacidade de aprender torna-se intelectualmente estéril. Morre como cientista, pensador, escritor, profissional, teólogo. É difícil conviver com esses mortos-vivos. Não entenderam que a sabedoria não está na convicção do quanto sabemos, mas na consciência do quanto não sabemos.

Sabemos pouquíssimo sobre a personalidade humana, menos ainda sobre a personalidade de Deus. Mas, se Ele afirmou que é um Pai, no mínimo deseja que os humanos ousem conhecê-lo, desvendá-lo, inquiri-lo. Qualquer pai que tenha o mínimo de conhecimento em psicologia sabe que se duas pessoas não se conhecem em maior profundidade a relação será artificial.

Não me canso de repetir: muitos pais e filhos não conhecem os capítulos mais importantes da história um do outro, apenas o prefácio. Nunca perguntaram quais foram suas lágrimas e conflitos mais marcantes. Sequer sabem quais são seus sonhos. O resultado? Suas relações são distantes, secas e frias.

Quase dois bilhões de pessoas repetem as palavras do *Pai-Nosso*, mas poucas agem como se Deus fosse um Pai cujo relacionamento deve ser íntimo, aberto, afetivo e até questionador.

Para muitos, esse Pai do Sermão da Montanha é despersonalizado, não tem um mundo a ser descoberto. Parece um Deus que exige uma servidão e um respeito algemados pelas correntes do medo.

Mas o Deus do *Pai-Nosso*, na realidade, estimula-nos a indagá-Lo e a romper o artificialismo religioso. Por isso, toda a oração está no imperativo: "Santificado seja o Teu nome! Venha a nós o Teu reino! Faça-se a Tua vontade! Dá-nos o pão de cada dia!" É uma oração ousadíssima. Nela, Deus parece procurar intimidade com o ser humano como o ofegante procura o ar.

Capítulo 11

A vida humana transcorre no parêntese do tempo

Indagando Deus

Objetivando conhecer a personalidade e as intenções desse Deus, faço alguns sérios questionamentos. Se Ele deseja extirpar as dores humanas, por que não o faz? Por que demora tanto para executar a sua vontade proclamada no Sermão da Montanha? Ele não vê as lágrimas das crianças aflitas que perdem seus pais e o clamor dos pais desesperados que perdem seus filhos? Que Deus é esse que não age?

Acidentes, terremotos, fome, violências fazem parte da rotina humana. Onde está o Deus Todo-Poderoso diante desse caos? Por que não intervém em nossas misérias? Bastava tão pouco para aliviar a humanidade. Essas perguntas me inquietaram durante muito tempo.

Um dos motivos que levaram a Europa, berço do cristianismo, a contrair sua espiritualidade e considerar a busca por Deus algo sem importância foi ter atravessado duas das maiores catástrofes da história, as duas grandes guerras mundiais.

Onde estava Deus diante de tanta miséria? Dezenas de milhões de pessoas foram mutiladas e mortas nos campos de batalha. Deus não ouviu o estampido das armas?

O próprio Papa Bento XVI, ao visitar um campo de concentração na Polônia, em 2006, ficou perplexo. Chocado com a agonia que os judeus e outras minorias sofreram, questionou com ousadia: onde estava Deus diante de todo esse sofrimento? Por que esse silêncio?

Algumas pessoas, embriagadas pelo superficialismo, o criticaram na imprensa mundial, dizendo que lhe faltou fé. Eu não sou uma pessoa religiosa, mas, em minha análise, nem de longe os pensamentos do Papa representaram ausência de fé. Foi um questionamento sensível que brotou das entranhas da arte de pensar, procurando indagar e conhecer o Deus do *Pai-Nosso*. Onde estava o Pai bondoso diante do palco de terror erigido nos campos de concentração? Por que esse Pai amoroso aparentemente silenciou enquanto as pessoas morriam de fome, frio e miséria?

O Papa entrou, provavelmente sem o perceber, no cerne do embate entre Voltaire e Rousseau. Fez um questionamento sincero diante de dilemas quase insolúveis para a mente humana. Discutir esse assunto é um convite à lucidez, um convite para os que procuram beber das fontes mais profundas da sabedoria.

Em algum momento da vida, todos os seres humanos fazem essas perguntas de diversas maneiras e em diversos níveis, ainda que elas permaneçam inaudíveis. Se não as fazem nos oásis da vida, fazem-nas na travessia dos desertos. Se não quando o mundo os aplaude, fazem--nas quando são vaiados, feridos e incompreendidos.

O embate entre Voltaire e Rousseau

Esse questionamento levou Voltaire a criticar publicamente Rousseau por seu conformismo diante do gravíssimo terremoto que assolou a Europa, sobretudo Portugal, em 1755 (Durant, 1996). Voltaire e Rousseau, dois filósofos franceses brilhantes, colocaram Deus no centro da discussão que se estabeleceu diante da fatídica calamidade.

Conhecido como terremoto de Lisboa, a catástrofe estendeu-se pela Europa, África e América. Abalou também a ilha da Madeira, as Antilhas e a Groenlândia, bem como a Grã-Bretanha e a Irlanda. Grande parte da Argélia foi destruída. Seguiu-se ao terremoto um tsunami que varreu a costa da Espanha e a da África, submergindo cidades.

Foram minutos de terror que devastaram a vida de dezenas de milhares de pessoas. O abalo sísmico ocorreu num feriado religioso, quando os templos estavam lotados. Os desabamentos causaram uma tragédia indescritível.

Rousseau discorria sobre o sofrimento humano que o terremoto provocou. Tinha uma visão romântica da existência. A visão de Voltaire, um dos mais afiados iluministas, era pragmática e crítica da realidade. Rousseau queria defender Deus e mostrar que os seres humanos atravessavam os vales das suas misérias por causa de suas próprias ações. Voltaire questionava Deus e não aceitava esses argumentos.

Por que Deus permitiu essa tragédia? O que retém suas ações diante do sofrimento dos mortais? Será que a humanidade é um projeto falido que Ele abandonou? Será que Ele está ocupado demais para não intervir? Será que, apesar de desejar, Ele não consegue intervir na dor humana? Ou Deus nada mais é do que uma aspiração da nossa mente?

Muitos, ao longo da história, fizeram tais questionamentos e se tornaram ateus. Detiveram-se nas perguntas e não procuraram as respostas com a persistência do sedento em busca de água. Eu mesmo fui um dos poucos que entraram nesse labirinto.

Recordo-me das muitas vezes que mergulhei dentro de mim e, olhando para os terríveis eventos humanos, bombardeava-me de perguntas. Por fim, concluía: "Deus, você é uma invenção do meu imaginário!"

Eu me debatia num emaranhado de dúvidas, até que, depois de estudar detalhadamente a personalidade de Jesus, de compreender algumas vertentes do projeto de Deus e de analisar filosoficamente os fundamentos da existência, encontrei algumas respostas. Não sei se são respostas verdadeiras, mas foram as que aquietaram minha mente. Passei não apenas a crer em Deus, mas a me encantar com Ele, embora sem defender uma religião. Tornei-me um ser humano sem fronteiras.

Quem dera que as pessoas, independentemente de suas religiões e crenças, fossem seres humanos sem fronteiras, sempre expondo, e não impondo, as suas ideias. A imposição das ideias, sejam elas religiosas, políticas ou cientificas, sempre foi um câncer que corrói nossa espécie e destrói a liberdade. Jesus divulgava seus pensamentos claramente, mas convidando: "*Quem tem sede venha a mim e beba.*" Era um ato voluntário.

Foi o primeiro da linhagem dos seres humanos sem fronteiras. Por isso, repetiu dezenas de vezes que era o "filho do homem". Tal expressão indica que ele não tinha raça, cultura ou bandeira. Era, antes de tudo, um ser humano sem fronteiras e, em seguida, um judeu.

Por tudo isso, procurarei expor, e não impor, as respostas que encontrei sobre as reações do Autor da existência. Elas atingem frontalmente as indagações de Voltaire. O embate entre Voltaire e Rousseau indica que grandes mentes do passado discutiam sem fronteiras os fenômenos da existência e os ditames de Deus.

Infelizmente, a maioria dos pensadores da atualidade não debate mais sobre Deus. Deixam esse assunto apenas para os teólogos. Têm medo, vergonha ou dificuldade para formular ideias numa sociedade massificada. Reina o silêncio, cultivam-se os conflitos.

Observando a destruição e o sofrimento causados pelo terremoto de Lisboa, Voltaire expressou com argúcia três simples mas grandiosos questionamentos ou hipóteses: ou Deus não existe, ou existe, mas não quer executar a própria vontade, ou quer executá-la, mas não pode.

O iluminista tocou no centro da oração do *Pai-Nosso*.

Discutindo os questionamentos de Voltaire

Vamos examinar a primeira hipótese: "Deus não existe." Comentei no início deste livro dois argumentos filosóficos que a derrubam. Primeiro, é impossível que o "nada existencial" seja despertado do seu eterno sono da inexistência para produzir o mundo existente. Segundo, o vácuo existencial jamais pode ser assombrado com o pesadelo da realidade, pois é eternamente estéril.

Diante desses dois argumentos, nenhuma ideia ateísta, nenhuma teoria evolucionista, nenhum tratado agnóstico, nenhuma teoria da formação do universo podem banir, em última instância, a ideia de Deus. Em algum momento da cadeia de intermináveis eventos que explicam o mundo existente Deus, ou qualquer nome com que se possa chamá-lo, tem de entrar.

Deus, portanto, é muito mais do que uma hipótese da fé, como até hoje tanto a ciência como as religiões pensaram. Filosoficamente falando, Deus não é uma hipótese cuja existência é possível, mas um ser impossível de inexistir. Só a existência pode construir, gerar e conceber a existência.

Um ateu, seja ele um intelectual ou um filósofo de botequim, pode dizer que não crê em Deus, mas não afirmar que "Deus não existe". Pode-se não ter qualquer religião, ser contra a ideia de Deus e bradar aos quatro ventos que não se crê Nele, mas é insensatez intelectual afirmar que Deus é um delírio da mente humana, como no passado eu pensava.

Portanto, sobram as outras duas argumentações de Voltaire. Vamos examinar a segunda: "Deus existe, mas não quer executar a própria vontade." Essa argumentação contrapõe-se ao *Pai-Nosso*. Deus é Pai, e como Pai deseja ansiosamente realizar a sua vontade. Mas alguém poderia questionar: será que essa oração não é uma utopia fabricada por Jesus, uma alucinação religiosa? Vejamos.

Jesus falou coisas que nem os pacientes psiquiátricos em seus surtos psicóticos tiveram a ousadia de falar: "Eu sou o pão da vida, quem de mim comer jamais terá fome", "Quem crê em mim, ainda que morra, viverá", "Os céus e a terra passarão, mas minhas palavras não passarão". Diante disso, poderia se concluir que Jesus foi o mais real dos seres ou a maior fraude da história.

Para interpretar o comportamento de alguém devemos analisá-lo dentro do contexto. Analisando os comportamentos de Jesus, observamos uma coerência, uma fineza de ideias, um altruísmo, uma solidariedade, uma capacidade de se colocar no lugar dos outros e de pensar antes de reagir sem precedentes. Alguém com indiscutível inteligência jamais poderia ser uma fraude ou um psicótico. Vamos recordar.

Ele conseguiu ver as lágrimas ocultas dos leprosos e estancou-lhes a solidão. Foi provavelmente mais generoso com eles do que seus pais biológicos, irmãos e amigos. Fez deles seus amigos. Solidarizar-se com os leprosos era mais importante do que o mau cheiro que exalava de suas feridas.

Jesus correu risco de morrer apedrejado por causa das prostitutas, mas não se importou em colocar sua cabeça a prêmio. Nunca as constrangeu nem denunciou seus erros. Como vimos, deu-lhes o status de seres humanos, tratou-as com respeito e compaixão. Seu altruísmo exalava o perfume mais excelente do afeto e da tolerância.

Disse que os mansos herdarão a terra, que as pessoas livres deveriam perdoar tantas vezes quantas fossem necessárias quem as frustrou. Afirmou que no julgamento do seu Pai, quem dá o rigor da lei não é a lei, mas o próprio ser humano. Acrescentou que seríamos medidos pela medida com que medirmos os outros. Tal comportamento não tem precedentes no mundo jurídico.

Procurou proteger Judas no ato da traição, resgatar Pedro com um olhar no ato da negação, e ainda lhe sobrou fôlego para soltar um grito ao Pai pedindo que perdoasse os carrascos que se encontravam aos pés da cruz.

Que homem é esse, capaz de deixar fascinada a psiquiatria e embasbacada a filosofia? Quem agiu com tal lucidez? Um homem tão lúcido não poderia estar brincando quando, no Sermão da Montanha, ensinou a mais intrigante oração da história. Portanto, o conteúdo dessa oração merece todo o crédito.

Se Jesus disse que o Deus que se esconde atrás do véu do tempo e da cortina do espaço é um Pai, o segundo argumento de Voltaire cai por terra: "Deus existe, mas não quer executar a própria vontade." A humanidade não pode ser um projeto falido abandonado por Ele, por mais que ela o decepcione.

Deus enxerga todas as lágrimas humanas, até as que nunca foram derramadas. Mas por que não age? O que causa seu silêncio? Essa é outra questão que introduz à terceira hipótese de Voltaire: "Deus quer executar a própria vontade, mas não pode."

Sofrendo pela humanidade: vendo-a além do parêntese do tempo

Quanto mais tento entender a mente de Deus a partir do discurso de Jesus, mais Ele implode meus conceitos e rompe os parâmetros da minha lógica. Deus sofre quando vê uma criança ceifada por um câncer, vítima da fome ou de acidentes? Sim!

Uma mãe perdeu um filho de 6 anos de câncer. Antes de sua morte, a mãe dia e noite ficava aos pés da sua cama. Cada gemido da criança a golpeava. Cada quilo perdido a afligia. Daria tudo que tinha, até a própria vida, para que o filho sobrevivesse.

De acordo com a oração do *Pai-Nosso*, é impossível que Deus não sofra com nossas dores. Devemos nos lembrar que Ele tem uma personalidade concreta e que é supersensível. Além disso, clama que amemos o próximo como a nós mesmos.

Se Ele faz esse revolucionário pedido, é porque o vive. Conclui-se que Deus ama o ser humano como a si mesmo. O território da sua emoção é tão embriagado de sentimentos que Ele se importa com o sofrimento da humanidade num nível maior do que a teologia jamais enxergou.

Porém, há um problema. Deus não intervém nas mazelas humanas como gostaríamos, ou intervém de uma maneira que não compreendemos, ou numa velocidade diferente da que desejamos.

Por que Deus reage de modo tão estranho? A única resposta que encontrei para todas essas indagações é que Ele enxerga os eventos existenciais além do parêntese do tempo, de modo completamente distinto de como os vemos. Nós enxergamos a temporalidade da vida,

Ele vê a eternidade. Nós queremos aliviar o sofrimento imediato, Ele procura uma solução definitiva e completa.

Sofrer dias ou anos tem um peso enorme para os mortais, mas são frações de segundo perante o projeto eterno e inextinguível de Deus. Nele não há espaço para dor nem para o pranto. A vida será um eterno prazer, um jardim de sonhos, uma fonte de aventuras.

E como ter certeza desse projeto? Aqui a ciência se cala, e a fé começa seu discurso. Aqui a filosofia retém seu fôlego, e a esperança inicia seus argumentos. Crer na superação da morte e no projeto eterno de Deus é um mergulho no terreno indecifrável da fé.

Não há certeza científica. Só haverá uma certeza depois de enfrentarmos o momento final, o apagar das luzes da vida, o ponto mais frágil da existência humana, a mais insólita solidão, o instante único onde tudo o que temos e conquistamos não vale nada: a morte.

Enfim, só depois de enfrentarmos o drama de um túmulo poderemos confirmar o projeto de Deus. Quem quiser caminhar nessa trajetória tem de ter a humildade de deixar o terreno da ciência e cultivar nos solos da fé. Entretanto, apesar desse projeto entrar no âmbito da fé, podemos ainda tecer algumas teses a respeito dos comportamentos de Deus.

Um Pai que estava chorando

Vimos que, se Deus estivesse no centro da Terra, provendo todas as nossas necessidades e nos superprotegendo, em pouco tempo o ser humano seria deus e faria de Deus seu servo, pondo-O a gravitar na órbita das suas vaidades e ambições. Todos aqueles que quiseram ser deuses na história tornaram-se algozes que violentaram o direito dos outros.

O Deus revelado por Jesus tem o sonho de estancar o sofrimento da humanidade como nenhum medicamento jamais conseguiu. Mas, se interviesse do jeito que desejamos, Ele destruiria completamente nossa liberdade, as pessoas perderiam sua espontaneidade e agiriam artificialmente.

Essa conclusão demonstra que o terceiro questionamento de Voltaire tem um sábio fundamento: "Deus quer executar a própria vontade, mas não pode." Se fizesse, seria um joguete nas mãos humanas. Não haveria amor, mas uma rede de interesses. O Deus do *Pai-Nosso* fracassaria.

Quem não entender esse processo poderá pensar que Deus inexiste ou que é alienado. Mas quem entendê-lo perceberá que o preço que Ele paga para dar liberdade ao ser humano é grande, e o que nós pagamos é gigantesco.

O conformismo de Rousseau, embora inteligente, é inaceitável. A inquietação de Voltaire é procedente. Deus quer desesperadamente agir, mas não age. Entretanto, apesar de aparentemente estar distante, nenhum sussurro de dor passa incólume, nenhum gemido fica inaudível e nenhuma emoção de cada criança ou de cada adulto passa despercebida para Ele.

Deus se angustia e sofre por cada ser humano mutilado, perseguido, injustiçado, vítima de violência ao longo da história da humanidade. Se não sofresse, poderia ser um criador, um arquiteto da existência, mas não seria Pai. Este é o décimo sexto segredo da oração do *Pai-Nosso*.

Para mim, esse é o segredo mais eloquente da oração mais conhecida do mundo e, paradoxalmente, a menos compreendida. Entretanto, apesar de sofrer, Deus deve proteger sua emoção e governar seus pensamentos num nível que desconhecemos. Caso contrário, não suportaria tanta dor na humanidade. Seu poder, onipresença e onisciência seriam um grande problema para Ele.

Mais de um milhão de crianças e adolescentes judeus morreram nos campos de concentração nazista. Mas Deus não é 100% pela humanidade? Onde, então, Ele se encontrava nesse momento? O que estava fazendo? Nada? Não! Deus estava chorando! Deus toma emprestadas as lágrimas dos seres humanos para chorar junto com eles.

Depois de uma análise detalhada, a única explicação que consegui encontrar é que o Pai da oração de Jesus estava pranteando, aflito, sofrendo junto com as crianças dos campos de concentração, bem como com outras crianças flageladas ao longo da história. Ele nunca esteve alienado.

Observando o sofrimento delas, saturado de compaixão, Ele talvez estivesse bradando aos céus para que em breve esses pequenos fossem acolhidos em seus "braços". Talvez estivesse proclamando no secreto do seu ser que em mais alguns instantes as aliviaria, cuidaria e protegeria pelos séculos dos séculos.

A terra move os céus

A terra é um palco onde ocorrem os fenômenos naturais e onde o ser humano encena com plena liberdade a sua peça existencial. Segundo Jesus, a terra é o reino do governo humano. O reino de Deus tem de vir do "céu" para a terra, e a sua vontade tem de ser feita aqui como é realizada no "céu".

Mas como realizá-la? Como estimular Deus a intervir na humanidade já que Ele quer, mas não pode? Como desatar suas mãos, libertá-Lo para interferir na nossa liberdade? Esse é um assunto complexo. Somente a liberdade pode libertar plenamente a própria liberdade. Eis uma tese fascinante.

Só a construção livre de um diálogo aberto e espontâneo com Deus pode estimulá-Lo a ter liberdade para agir. Esse diálogo se chama oração. Nada é tão frágil como a oração no mundo físico, e nada é tão poderoso quanto ela no mundo espiritual.

Imagine a cena. Jesus estava no alto da montanha falando sobre o Deus Altíssimo. Em vez de dizer que esse Deus é magnífico, superpoderoso e capaz de executar a própria vontade sem nenhum problema, ele ergue um muro inimaginável. Pede para os seres humanos orarem para que Deus faça a sua vontade.

Ele quis dizer que, se o ser humano não agir, Deus não age. Ou age pouco. A liberdade do Autor da existência encontra limites na liberdade humana. Como exigir que a ciência não fique assombrada com esse fenômeno?

A Terra é apenas um planeta, mas, espiritualmente falando, é ela que move os céus. Por isso, o Mestre dos Mestres teve a ousadia de dizer que tudo o que ligardes na terra será ligado nos céus. Que força é essa que tem a oração, capaz de romper as poderosas forças da física?

Incompreensível ou não, essa é a tônica do ensinamento de Jesus. Apesar de incompreensível, podemos vislumbrar a sabedoria filosófica sem precedentes de Deus, pois nada é tão democrático quanto a oração, seja ela feita em voz alta ou em silêncio, com eloquência ou timidez, formulando pedidos ou expressando agradecimentos.

Não se exige perfeição, puritanismo, competência intelectual, status social nem financeiro para orar. Apenas um coração singelo e honesto. Reafirmo, a oração é a mais democrática comunicação humana.

A oração de um miserável pode ter tanto ou mais valor do que a de um arquimilionário. A meditação de uma prostituta pode ser tanto ou mais penetrante do que a de um líder religioso. A súplica de um iletrado pode alçar um voo mais alto na mente desse enigmático Deus do que a do mais ilustre pensador. Espantoso!

O mais excelente educador

Os meninos e as meninas que foram mortos nas guerras, acidentes, doenças, ou violentados por psicopatas, desapareceram para sempre depois da destruição do seu córtex cerebral? As crianças que morreram ao nascer nunca mais conquistarão a consciência existencial?

Se essas crianças não tivessem direito de ter uma inteligência que permanece na eternidade, por que sofrer nesse árido deserto existencial? Que justiça haveria, se foram ceifadas tão cedo? Nenhuma. A oração do *Pai-Nosso* seria uma alucinação.

Só poderá haver justiça no projeto de Deus se as crianças que morreram na mais tenra infância conquistarem o direito de ter uma personalidade complexa, capaz de pensar, decidir, ter consciência crítica, enfim, de serem autoras da própria história.

Não estou usando nenhum argumento católico, protestante, islamita, judeu, espírita, budista ou de outra religião para defender essa ideia, apenas uma argumentação psicológica e filosófica.

A grande pergunta é: quem será o educador dessas crianças? Esse educador foi anunciado na eloquente oração de Jesus. É o *Pai-Nosso*.

Em outra oportunidade, o Mestre dos Mestres toca nesse assunto diretamente, embora de forma sintética. Uma das coisas mais fascinantes que disse foi que o reino dos céus pertence às crianças. E prosseguiu. Comentou que, se os adultos não se comportassem como elas, principalmente na sua capacidade de aprender, não entrariam nesse complexo reino.

E tem mais. Infere-se em sua abordagem que, quando as crianças e os adolescentes morrem, o Pai entra em cena e de algum modo que não nos foi revelado resgata suas personalidades e as educa. Deus as acolhe, acarinha, alivia, estimula e protege. Elas têm prioridade em seu reino.

E podemos também concluir que Deus cuida da solidão dessas crianças de um modo que nenhum pai ou mãe jamais cuidaria. Por quê? Porque, melhor do que ninguém, Ele sabe o que é a solidão. Ele foi um Deus solitário num tempo em que o tempo inexistia. Ele é um Pai carente que sabe amar e acariciar, pois tem necessidade psíquica de ser amado. Essa é uma grande notícia.

Jesus suavizou o traçado da existência. Não é preciso ter medo da vida, mas medo de não vivê-la plenamente. Ele retirou o temor da jornada e introduziu uma primavera de esperanças. Porém, para executar esse projeto, o Pai e o filho sujeitaram-se ao mais incompreensível vale da dor.

Apesar de todo o seu poder, nos últimos capítulos da história de Jesus, Pai e filho foram feridos, excluídos, humilhados. Por que não se pouparam? O que sustentava tamanha coragem? Por que tomaram o caminho mais árduo? Para entender tal comportamento precisamos estudar a crucificação de Jesus à luz da psicologia.

Capítulo 12

A paixão de Cristo pelo prisma da psicologia

Alterando as matrizes da sua memória

A paixão de Cristo sempre foi alvo de debates. Talvez este seja um dos assuntos mais discutidos, encenados e filmados de todos os tempos. No entanto, o que me entristece é que esse assunto crucial foi tratado frequentemente com superficialismo. O motivo é ter sido sempre focado pelos olhos da religião. Não estou defendendo a psicologia, mas os fenômenos psicológicos que ocorreram nos bastidores da cruz são tão ou mais importantes do que os teológicos. Aliás, são eles que fundamentam os fenômenos teológicos.

Para se ter ideia do que estou afirmando, vamos analisar este pensamento: os bastidores da cruz indicam que, pela primeira vez na história, um pai viu seu filho morrendo e não fez nada por ele. Quantas implicações importantíssimas estão inseridas nesse pensamento? Nunca na história um pai, sobretudo um pai rico em sensibilidade, reagiu do modo como Deus reagiu. Por que Ele não protegeu seu filho, já que é o mais afetuoso dos seres? Se a pergunta for feita de outro modo, fica ainda mais insolúvel: qual foi o maior sofrimento, o do filho ou o do Pai? Por que não houve uma solução que envolvesse menos dor? O que aconteceu na emoção e na memória de Deus diante da agonia do seu filho? Tenho feito essas perguntas a teólogos das mais diversas religiões. Muitos ficam atônitos, não sabem o que responder, pois nunca pararam para pensar nisso.

Para executar o projeto de Deus – a Sua "vontade" – ocorreu algo que deixa em pânico os pressupostos humanistas da filosofia: a morte de um filho. Querendo escalar o mais alto monte da inclusão e da solidariedade, Deus abandonou Jesus no vale mais cruel da violência. Por quê? Isso me perturbou muitíssimo. Até que visitei o solo dos insights – das percepções anônimas.

É muito difícil entrar nesse assunto, mas gostaria que o leitor tivesse paciência para raciocinarmos juntos. Imagine que em Sua poderosa memória Deus tenha arquivado todos os estupros, assassinatos, violência contra crianças, discriminações e demais formas de injustiça e crueldade cometidas no passado da história da humanidade.

Agora vamos imaginar Deus na perspectiva da oração ensinada por Jesus. Qual é seu maior problema para se relacionar com os seres humanos e dar a eles tudo o que é? A sua memória. Algumas pessoas nunca mais conversam depois de determinados atritos. Os atritos vividos foram registrados privilegiadamente na memória delas e se tornaram fatos inesquecíveis.

A memória contém a colcha de retalhos da personalidade, tanto de Deus quanto dos seres humanos. Deus não pode passar por cima da sua consciência crítica, não pode esquecer nossas loucuras. A sua memória é seu grande problema. A crucificação foi muito mais do que um ato de compaixão, amor, doação, sacrifício. Ao que tudo indica, ela atuou como um turbilhão que invadiu a mente de Deus e entrou nos recônditos mais ocultos da sua memória.

Antes de tocar nesse complicado assunto, preciso tecer alguns comentários sobre a memória e o processo de construção de pensamentos para formar uma base para meu raciocínio.

Dois dilemas humanos

O ser humano vive dois grandes dilemas ligados aos papéis da memória. Eles afetam diretamente o desenvolvimento da personalidade e o funcionamento global da mente. Primeiro dilema: o registro da memória é involuntário, não depende da vontade consciente do eu, ou seja, da sua capacidade de decidir.

Nos computadores somos livres para arquivar o que desejamos, mas na memória humana não temos esta liberdade. Cada experiência emocional e intelectual, seja ela coerente ou perturbadora, é arquivada, pelo fenômeno que chamo de RAM – registro automático da memória –, na memória consciente (MUC – memória de uso contínuo) ou em regiões inconscientes (ME – memória existencial).

As experiências psíquicas do presente, logo após serem produzidas, experimentam o caos, deixando de ser imagens mentais, pensamentos organizados, prazeres, frustrações, e arquivam-se no córtex cerebral em forma de código físico-químico.

Segundo dilema: uma vez arquivadas, as experiências não podem mais ser deletadas. Isso nos diferencia de qualquer máquina inventada pelo ser humano.

Não é possível evitar o registro nem deletar os arquivos, sejam eles conscientes ou inconscientes, a não ser que haja um trauma físico, um tumor ou uma degeneração cerebral. Mas nós conseguimos reciclar o registro das experiências doentias se as criticarmos, através de um autodiálogo, no exato momento em que as experimentamos. Quem não consegue reciclar as ofensas ou frustrações no instante em que as experimenta destrói pouco a pouco sua qualidade de vida.

É importante saber que, passados alguns minutos do momento em que foram processados os registros doentios em nossa memória, é inútil tentar apagá-los. Não conseguimos mais esquecer – consciente ou inconscientemente – os problemas vividos. Eles viram pandemônios em nossa mente.

Eu não sei como funciona a memória de Deus, mas imagino que sua capacidade de registro é incomparavelmente mais eficaz do que a nossa. Concluímos então que nossas mazelas entulham Sua memória. A leitura da memória é feita por territórios específicos ou janelas. Por essas janelas da memória interpretamos o mundo, enxergamos os eventos da vida. Nosso desafio é abrir o máximo de janelas para obter a maior quantidade de informações capazes de subsidiar a produção das melhores respostas.

O maior inimigo de quem vai ser sabatinado não são os examinadores, mas a própria ansiedade. O volume de ansiedade pode bloquear as janelas, impedindo o fornecimento de informações e gerando um desastre para o raciocínio.

Os registros de experiências saudáveis, como elogios, apoios, compreensão, desafios, atitudes de tolerância, geram janelas light, que são territórios que iluminam o eu e expandem a arte de pensar.

Por outro lado, os registros de experiências doentias, como medo, agressões, rejeições, perdas, geram janelas killer, que são as zonas de conflitos ou traumas. É a ansiedade existente nessas janelas que bloqueia a leitura das demais janelas, aprisionando a arte de pensar. Por isso, volto a repetir: os piores erros humanos ocorrem nos primeiros 30 segundos de estresse. É fundamental nesses momentos fazer a oração dos sábios: o silêncio.

Se não podemos deletar a memória, somos então reféns do passado? Sim! O passado sempre foi nosso libertador – quando aprendemos com ele e crescemos – ou nosso carrasco – quando nos subjuga e escraviza. Podemos ficar livres das pessoas e dos problemas externos, mas jamais ficaremos livres de nós mesmos, da nossa história.

Deus pode ficar livre da sua história? Ele pode evitar os registros em sua memória dos nossos comportamentos ou deletá-los, se quiser? Não sei. Mas, se pudesse fazer isso num passe de mágica, não seria justo nem com Ele mesmo nem com as pessoas que foram violentadas, feridas, injustiçadas. Portanto, reafirmo: a memória de Deus é seu grande problema na relação com a humanidade.

De acordo com a Teoria da Inteligência Multifocal (Cury, 1999), não podemos evitar o registro nem deletá-lo. O que fazer então para deixar de ser refém dos traumas do passado? Como superar os conflitos tecidos nas entranhas das janelas killer? Há dois caminhos: reeditar o filme do inconsciente ou construir janelas paralelas.

Esses caminhos foram construídos, ainda que intuitivamente, na psicologia moderna por duas grandes correntes teóricas: a psicanálise e as teorias comportamental-cognitivas (TCC).

O que é reeditar o filme do inconsciente? É sobrepor novas experiências no lócus das janelas killer. Essa é a especialidade das TCC. Isso ocorre quando um terapeuta comportamental faz uma intervenção direta nos sintomas do paciente e/ou o expõe aos estímulos estressantes.

Por exemplo, se uma pessoa tem claustrofobia – medo de lugar fechado –, ela deve entrar num elevador ou simular estar num ambiente fechado e discutir os seus sintomas com o terapeuta. Desse modo, tendo contato racional com o estímulo estressante e entendendo-o, o fenômeno RAM registra uma série de experiências que contêm segurança, ânimo, autoestima, no lócus das janelas killer, reeditando-as.

Construir janelas paralelas, por sua vez, é produzir janelas light paralelamente às janelas killer. Essa é a especialidade da psicanálise e das psicoterapias analíticas.

Para entender esse processo, vamos tomar o mesmo exemplo da pessoa que sofre de claustrofobia. Em vez de expô-la ao estímulo estressante, o psicoterapeuta analítico usa a técnica de associação livre, estimula o paciente a falar tudo o que lhe vem à cabeça associado ao trauma ou fobia. Ou então investiga as causas que provocaram a fobia no passado. Essas técnicas levam ao autoconhecimento que, registrado, produz as janelas paralelas.

Vamos usar essas informações para entender minimamente os fenômenos psicológicos envolvidos na crucificação de Jesus. Por incrível que pareça, Deus, 19 séculos antes da psicologia moderna, ao que parece, usou esses dois caminhos para executar a Sua vontade eterna, Seu projeto de vida.

Um clamor no Jardim do Getsêmani

Cerca de 9 a 12 horas antes de ser crucificado, Jesus se encontrava no Jardim do Getsêmani. Seu coração estava ofegante, taquicárdico. Seus pulmões procuravam mais oxigênio. Ele havia predito quatro vezes como morreria. Agora se preparava para a longa noite de escárnio, deboche e açoites e, em seguida, para a crucificação. Bebia seu cálice amargo na mente. Tinha de se equipar para suportar o insuportável. O estresse era tão intenso que foi vítima de um caso raríssimo na medicina: os capilares sanguíneos romperam-se, extravasando hemácias junto com o suor. Só Lucas, biógrafo que era médico, descreveu esse detalhe em seu evangelho. Tinha de ser alguém com um acurado olhar clínico.

O mais tranquilo dos homens vivenciou o mais alto patamar da ansiedade, gerando uma reação depressiva momentânea e intensa. Todas as células do seu corpo clamavam através dos sintomas psicossomáticos para que ele fugisse da cena. Mas ele permanecia. Seu desejo? Fazer a vontade de seu Pai.

Jesus estava no apogeu da fama. Se quisesse ser um herói religioso, deveria esconder seu drama, camuflar sua fragilidade. Mas, ao contrário da maioria dos líderes religiosos, ele chocou a psiquiatria e a psicologia clínicas. Chamou três discípulos, Pedro, Tiago e João, e teve a coragem e o desprendimento de dizer-lhes que sua alma estava profundamente deprimida até a morte.

Sabia que Pedro o negaria e que os dois irmãos, Tiago e João, o abandonariam. Mas mesmo assim abriu-se com eles, foi honesto, transparente. Ensinou-nos assim a agir da mesma forma, mesmo quando as pessoas nos decepcionam. Ensinou-nos a não viver isolados. Devemos sempre abrir nosso coração com alguns amigos. Muitos intelectuais e líderes espirituais se isolam à medida que conquistam sucesso e fama. Tornam-se mais infelizes.

Jesus é exaltado em todas as grandes religiões, inclusive entre budistas e islamitas. Mas muitos não entendem que não foram seus grandes gestos os mais espetaculares, mas os pequenos. Ele nos ensinou a encontrar grandeza na pequenez, coragem na fragilidade, nobreza nas perturbações.

Gostamos de repartir o sucesso, mas somos péssimos para compartilhar os fracassos, os temores, as angústias. As sociedades modernas tornaram-se fábricas de pessoas que simulam suas reações. Grande parte dos sorrisos são disfarces.

Foi nesse clima que *Jesus, horas antes de morrer, viveu intensamente* um dos pensamentos mais vivos da oração do Pai-Nosso: *"Faça-se a Tua vontade assim na terra como no céu."* Esse é o décimo sétimo segredo dessa oração. Jesus clamou ansiosamente: "Pai, afasta de mim este cálice, mas não se faça a minha vontade, mas a Tua vontade."

A vontade do seu Pai estava em jogo. Se Ele quisesse, sua vontade prevaleceria. Deus só aceitaria um sacrifício de amor, um ato único e espontâneo.

No Jardim das Oliveiras, Jesus viveu o que pregou no Sermão da Montanha. É significativo. As azeitonas são prensadas para produzir um rico azeite. O Mestre da Vida foi prensado pela dor para reciclar a memória de Deus.

Jesus não era um suicida. Raramente alguém amou a vida tão intensamente quanto ele, mas, desobedecendo ao clamor de bilhões de células que produzem sintomas psicossomáticos e que rogavam que fugisse, ele ficou. Estava chorando, ofegante, não queria morrer, mas pediu a Deus que executasse a Sua vontade. Estava disposto a ir até o fim.

Usando o princípio da técnica comportamental-cognitiva

Certa vez, na Segunda Guerra Mundial, um filósofo que sempre foi muito gentil e compassivo, ao ver um soldado matando pessoas inocentes, ficou tão transtornado que pegou em armas e atirou nele. No foco de tensão, não raciocinou.

Ao clamar "faça-se a Tua vontade", Jesus sabia que essa vontade envolveria os insondáveis sofrimentos impostos pela crucificação. E o que era mais insuportável: para agradar o Pai, o filho deveria amar quando odiado, incluir quando discriminado, perdoar quando escarnecido. Tarefa que nenhum ser humano jamais realizou em qualquer foco de tensão.

O que aconteceu com Deus no momento em que Jesus morria? Que fenômenos atingiram a mente desse Pai que o filho descreveu no alto de uma montanha? Enquanto Jesus gemia de dor, ocorria na psique de Deus um turbilhão emocional que conquistou uma força incontrolável e invadiu diretamente os solos da sua supermemória. Beira o inimaginável!

Novamente pergunto: Quem mais sofreu? O filho que morria, ou o

Pai que assistia? É difícil dizer. Nenhum pai ou mãe desejaria jamais, nem em pensamento, experimentar essa situação.

João, o discípulo que quando andava com Jesus era jovem e inexperiente, escreveu em sua velhice algo que jamais lhe saíra da mente: o Pai e o filho cometeram loucuras de amor pela humanidade (*João 3:15*).

Certa vez, pai e filho seguiam pela mesma estrada, cada um em seu carro. O pai vinha atrás. De repente, o filho perdeu o controle do veículo e chocou-se com uma árvore. Não havia ninguém para ajudar. O filho estava preso nas ferragens e sangrava. Em seguida, o carro começou a pegar fogo. O rapaz gritava, desesperado: "Pai, me salve, não me deixe morrer!"

O pai entrou em total angústia. Contrariando os manuais de segurança, sacudia a porta com todas as forças, tentando abri-la. O fogo queimava suas mãos, mas ele não se importava, lutaria pelo filho até as últimas consequências. O carro ameaçava explodir, mas o pai não enxergava o perigo. Só conseguia ver a face de sofrimento do filho. Perdê-lo era perder tudo o que tinha. Foram segundos de tensão extrema. Por fim, conseguiu resgatá-lo.

Nunca mais pai e filho esqueceram a cena. O pai ficou tão abalado que durante anos acordava sobressaltado. Reconstruía tudo em sua mente, imaginando o que teria acontecido se não estivesse presente. Ouvia a voz do filho clamando por ele. O registro daquela experiência foi privilegiado e se tornou inesquecível.

Eu fico pensando no desespero do Deus do *Pai-Nosso* ao ver seu filho se contorcendo de dor. Enquanto o filho morria fisicamente, o Pai provavelmente "morria" emocionalmente. As seis horas da crucificação foram mais longas do que toda a eternidade para o Deus onipresente.

Durante a travessia nos vales áridos do sofrimento, Deus reeditou as matrizes da sua memória. Usou, com a mais excelente maestria, o princípio das teorias comportamental-cognitivas. Enquanto seu filho morria, Ele se expôs ao máximo aos estímulos estressantes e viu passar em sua mente o filme contendo todos os erros, violências, falsidades, discriminações, agressões, ambições cometidas pela humanidade em todas as eras.

Nunca um pai abandonou um filho num momento extremo, ainda mais um pai amoroso. As cenas indescritíveis de seis horas na cruz penetraram como um raio na memória sofisticadíssima de Deus, causando um vendaval sem precedentes. Foi inesquecível.

Não consigo enxergar de outro modo. Todas as frustrações e decepções causadas pelos seres humanos ficaram diminutas, um grão de areia num deserto. Foi um ato de amor solene que mexeu com fenômenos psicológicos, gerando uma revolução única no funcionamento da mente do Autor da existência. Por isso, há um texto nas Escrituras em que Deus tem a coragem de dizer ao ser humano: "De suas falhas nunca mais me lembrarei."

Como Deus pode esquecê-las, se elas são gritantes? Para nós é impossível deletar a memória. Deus não a deletou, Ele a reeditou. Foi um prodígio incrível. Passou a limpo o passado da humanidade. Fez o que não seria possível a qualquer juiz ou sistema jurídico realizar.

Nós, médicos, somos silenciados diante do fim da vida, derrotados pelo último suspiro da existência. Nos velórios, os mortos silenciam e os vivos refletem, tomando consciência de que a vida é belíssima, como as flores na primavera, mas perde seu esplendor aos primeiros raios do tempo. Mas, no projeto de Deus, a morte deixa de ser um ponto final e passa a ser uma vírgula na história. Nunca o amor atingiu patamares tão elevados. Nunca a bondade foi tão generosa.

Mas, e as falhas futuras? Como resolver as loucuras das gerações seguintes? Não bastava reeditar a memória, o passado. Era necessário abrir um fato inesquecível, uma janela light memorável na mente de Deus. Era necessário construir a mais excelente janela paralela.

O princípio da técnica analítica reescrevendo a memória de Deus

Quando Jesus estava no ápice da dor física e emocional, na primeira hora da cruz, aparentemente o Pai não suportou seu sofrimento. Iria intervir e resgatá-lo. Creio que esse foi um fenômeno jamais analisado na história, especialmente pela teologia. Quando Deus parecia prestes a intervir, Jesus, num esforço sobre-humano, clamou: "Pai, perdoa-os porque eles não sabem o que fazem." (*Lucas 23:34*)

Essa frase possui uma força incalculável. Provavelmente foi a primeira vez na história que um ser humano mutilado e esmagado pelo sofrimento conseguiu abrir as janelas da memória, construir pensamentos com maestria e se preocupar com as pessoas que o torturavam.

Do ponto de vista psiquiátrico, quando alguém está ferido, o *Homo bios* – o lado animal ou instintivo – prevalece sobre o *Homo sapiens*. Não devemos esperar uma resposta inteligente de alguém ferido física ou emocionalmente.

Einstein se irritou com os que defendiam o princípio da incerteza da teoria quântica, dizendo "Deus não joga dados". Freud excluiu amigos que não pensavam como ele. Muitos pensadores foram mais longe. Perseguiram e ainda perseguem seus discípulos ou parceiros quando sentem ciúmes ou são ameaçados por suas ideias. Nos focos de estresse, nosso lado predador acorda.

Seria compreensível que Jesus reagisse com intensa irritação, violência e ódio contra seus inimigos. Não havia nenhuma condição intelectual para raciocinar quando estava cravado na cruz, muito menos para entender, desculpar e incluir seus carrascos. Mas, esfacelando os parâmetros da lógica psicológica, ele os defendeu diante de Deus.

Os judeus foram rejeitados e banidos ao longo dos séculos por terem sido acusados de assassinar Jesus. Eu tenho raízes judias e digo que essa punição é uma indecifrável injustiça. A grande maioria dos judeus o amava. Houve apenas um grupo de fariseus e sacerdotes que o rejeitaram.

No fundo, toda a humanidade estava representada por esses fariseus, bem como pelos soldados romanos. Reitero: Jesus defendeu todos os seres humanos perante Deus.

Só faltou Jesus acrescentar o que estava implícito: "Apesar de tudo eu os amo e sei que Tu os amas. Apesar de eu estar sendo tratado como o mais vil dos homens, Tu és o *Pai-Nosso*. Não Te importes comigo, pensa apenas na humanidade". Era como se ele fosse aquele filho preso entre as ferragens, sangrando e queimando, mas pedindo para seu Pai não salvá-lo. Pedindo-lhe para não correr riscos por ele, mas cuidar dos outros irmãos.

O filho chorava sem lágrimas enquanto o Deus Altíssimo descia das alturas e curvava seu rosto sobre a Terra, desesperado. Eu não consigo descrever a cena. Cada reação de dor, tremor e asfixia do filho percorria as entranhas do ser de Deus. Ele ficava sufocado quando Jesus não conseguia abrir seus pulmões para respirar.

Ao gritar a plenos pulmões para Deus perdoar os seres humanos que zombavam dele e o matavam, dizendo que eles não sabiam o que estavam fazendo, Jesus, como o mais excelente analista, compreendeu o incompreensível.

Enquanto vivia o drama do Calvário, mergulhou dentro de si e gerou o mais elevado autoconhecimento já atingido em situações de estresse. Um autoconhecimento provavelmente jamais alcançado por Freud, Jung, Adler, Melanie Klein, Bion. Ele sabia o que queria. Sua morte não foi um suicídio. Jesus cumpria o mapa da oração do *Pai-Nosso*.

Sob o olhar da psicologia, foi nesse momento, penso eu, que se produziu uma janela memorável na mente de Deus. Foi aí que um ser humano assumiu a plena forma do cordeiro de Deus. A partir desse acontecimento, toda vez que um ser humano erra e se aproxima de Deus, seja qual for a maneira de aproximação, suas falhas são compreendidas. Se Ele perdoou os torturadores de Seu filho, quem pode escapar da grandeza do Seu amor?

Não há pessoa vil, miserável e impura que não possa ser abraçada pelo Deus do *Pai-Nosso*. Por isso, essa oração é revolucionária, gera um rio de tranquilidade numa sociedade altamente punitiva e agressiva. Quantas atrocidades foram cometidas na história em nome de um deus punitivo e implacável construído no inconsciente coletivo – um deus que nunca existiu?

Ao tratar de algumas pessoas extremamente ricas, vi miseráveis morando em mansões. Não tinham problemas externos, mas eram vítimas das janelas killer nas suas memórias. Nunca tinham reeditado o filme do inconsciente ou construído janelas paralelas. Eram prisioneiros vivendo em uma sociedade livre. Eram pessoas infelizes, embora invejadas socialmente.

O Dalai-Lama é um dos mais brilhantes divulgadores do ato de compaixão. Não sei se ele teve a oportunidade de estudar os fenômenos psicológicos por trás da intrigante passagem das últimas horas da história de Jesus na Terra.

Se estudou, deve ter ficado extasiado. O Pai e o filho viveram o ápice da compaixão num momento em que qualquer ato solidário parecia inimaginável. Percorreram as avenidas de seus próprios seres e, ao mesmo tempo, se colocaram no lugar dos humanos e se compadeceram de cada um deles num contexto em que era impossível pensar nos outros, apenas em si mesmos. Amaram quem os odiou, abraçaram os que lhes deram as costas, beijaram quem lhes cuspiu no rosto. Foram livres e fortes, pois só os fortes são capazes de dar a outra face, só os livres têm um romance com a vida e são apaixonados pela humanidade.

Capítulo 13
Procurando o Deus desconhecido

Faça-se a Tua vontade assim na terra como no céu

Somos a única espécie que exalta a liberdade, e a única que é especialista em destruí-la. Há décadas temos condições de estancar a fome no mundo, mas o jogo de interesses beira o instinto selvagem. Sobram boas intenções, falta vontade política. Toda escolha implica perdas, mas quem está disposto a perder?

Somos a única espécie que fala da paz, mas também a única que conspira contra ela. Na época de Sócrates e Platão, um terço da população grega era constituída de escravos. Escravizamos inimigos de guerra, índios, negros, crianças e até nós mesmos.

Falamos com o mundo pelos celulares, mas não sabemos falar de nós mesmos e, o que é pior, nem com nós mesmos. Muitos percorrem o mundo, mas são forasteiros em suas próprias casas e com eles mesmos. Rejeitam a solidão, mas conhecem no máximo as camadas externas da sua personalidade. Abandonaram-se numa sociedade de solitários.

Jesus encerra a primeira parte da sua oração tocando indiretamente no mundo contraditório da mente humana. No *Pai-Nosso*, ele ensina as pessoas a suplicarem para que Deus execute Seu projeto ou Sua vontade na terra, assim como ela é feita no céu.

Não sabemos que céu é esse. Mas, como vimos, é um lugar suficientemente distante para que Deus não superproteja o ser humano e perto o suficiente para que Ele perceba as nossas intenções e ouça o sopro mais silencioso das orações. Segundo Jesus, nesse céu, seja onde estiver e o que for, não há problemas. Nele, o misterioso Autor da existência tem completo domínio.

A terra é o problema. Em meu pensamento, ao falar da terra, Jesus se referia menos ao mundo físico e mais aos solos da psique humana. Certa vez, colocou-se como um semeador e classificou o coração psíquico em quatro tipos: os superficiais, que são impermeáveis e não se abrem para novas ideias; os entusiasmados, que aderem com alegria a situações novas, mas desprezam suas raízes; os preocupados, que são meticulosos, mas pouco a pouco se atolam em atividades e por isso são asfixiados pelos eventos da vida e pelas riquezas.

Por último, descreveu a boa terra em cujo solo se cultiva um conhecimento profundo. O solo de alguém com sede de conhecer, com o desejo ardente de mudar suas rotas existenciais.

Nossa psique tem inúmeras áreas inconquistáveis. Quantos não se tornam máquinas de trabalhar? Quantos não se aprisionam pela necessidade neurótica de poder e prestígio social? No livro *A ditadura da beleza* comento o padrão tirânico da beleza que escraviza milhões de pessoas, em especial as mulheres, esmagando a autoestima e gerando uma série de transtornos, como anorexia nervosa, bulimia e depressão.

Construímos cultura, ciência, política e economia, mas não sabemos alargar as fronteiras da inteligência para resolver nossos milenares conflitos intrapsíquicos e psicossociais. Uma crítica nos derrota, uma rejeição nos golpeia e uma decepção ainda furta a tranquilidade de muitos.

Nossa espécie é antropocêntrica – vê o ser humano como centro do universo – e como tal deseja que a natureza, o mundo físico e até Deus gravite em nossa órbita. Temos vocação para sermos deuses. O egoísmo e o individualismo não precisam ser ensinados, pois desenvolvem-se espontaneamente como erva daninha no solo da personalidade. A solidariedade e a capacidade de se doar são plantas delicadas que dependem de um refinado trabalho educacional.

Schopenhauer e o apogeu do pessimismo

Muitos, ao analisar cruamente o solo psíquico e social, bem como as atrocidades cometidas por nossa espécie, penetraram no vale do negativismo existencial. Sófocles há muitos séculos já via o mundo com pessimismo.

Observando eventos sociais e históricos, disse: "Nunca ter nascido é a sorte mais feliz, e, depois disso, a melhor coisa é morrer jovem."

O pensamento de Sófocles era mórbido, para ele não havia beleza que compensasse os capítulos tristes da vida. Não conseguia ver esperança no caos, aprendizado nas perdas e prazer depois das tempestades.

Arthur Schopenhauer foi um mito do pessimismo (Padovani, 1994). Nascido em Dantzig, na Polônia, em 1788, era de família ilustre, abastada e de requintada cultura. Dedicou-se ao mundo das ideias, fez incursões na filosofia. Viajou pela Europa conhecendo pessoas das mais diversas castas e culturas. Formou-se em 1813 e, alguns anos depois, passou a lecionar na Universidade de Berlim.

Para Schopenhauer, a vida humana transcorria tragicamente entre o sofrimento e o tédio. O desejo, inerente à vida, quando não satisfeito, expandiria a dor psíquica, trazendo a reboque a fadiga e a mesmice.

Sua análise pessimista da condição humana ganhava combustível ao observar as discrepâncias sociais, as atitudes irracionais e as miserabilidades humanas. Certa vez arquitetou com inteligente argúcia estas palavras: "Se é certo que um Deus fez este mundo, eu não queria ser esse Deus. As dores do mundo dilacerariam meu coração."

Para mim, o mau humor e o pessimismo de Schopenhauer decorriam não apenas da visão crítica dos eventos sociais, mas principalmente da falta de proteção emocional. A terra da sua emoção era invadida facilmente pelos multiformes conflitos humanos. Era hipersensível, não sabia filtrar os estímulos estressantes.

As pessoas hipersensíveis costumam ser ótimas para os outros, mas algozes de si mesmas. Sofrem o impacto dos pequenos problemas, vivem a dor dos outros e se doam demais. Infelizmente, não sabem se proteger.

Deus não é pessimista

Quanto mais se tem consciência da realidade, maiores são as chances de asfixiar a singeleza e o prazer. Quanto mais se percebem os sofrimentos e dificuldades da vida, mais aumentam as preocupações e aflições. Por isso, em tese, as crianças são mais felizes do que os adultos.

O excesso de conhecimento, sem a arte da contemplação do belo, expande a angústia. Não espere encontrar nas universidades os seres humanos mais bem-humorados. Não espere que os psiquiatras e psicólogos sejam as pessoas mais alegres.

É claro que existem exceções, mas, por lidar com a miséria humana, muitos se tornam excessivamente críticos, têm mais dificuldade em se soltar, em brincar, e relaxam menos. Quem lida com as mazelas humanas precisa treinar diariamente a própria inteligência para viver com suavidade, para se encantar com os pequenos eventos do cotidiano que o dinheiro jamais compra.

Será que Deus é pessimista? Embora tenha todos os motivos para sê-lo, não parece haver sombra de pessimismo no seu dicionário! Recapitulando tudo o que escrevi neste livro, conclui-se que o Deus do *Pai-Nosso* é o mais otimista dos seres. Seu humor é irrefreavelmente irrigado de motivação e esperança.

No Antigo Testamento, às vezes Deus parece autoritário e mal-humorado. Mas uma análise acurada de algumas de suas reações, dentro do contexto histórico, revela uma paciência ímpar, uma tolerância sólida. Nossa irritabilidade surge nos primeiros segundos das frustrações, a de Deus surgiu depois de décadas ou séculos de silêncio.

Jesus tinha mais motivos do que Sófocles e Schopenhauer para ser um pregador do pessimismo. Foi perseguido de morte aos 2 anos de idade. Carregou toras e serrou madeiras na adolescência. Não teve privilégios sociais.

Quando adulto, não tinha morada certa. Dizia que as raposas e as aves dos céus possuíam um lugar para repousar, mas ele, não. Foi exaltado solenemente e rechaçado como poucos. Expulsaram Jesus de ambientes sociais, zombaram dele publicamente, foi considerado escória do mundo.

Alguns quiseram apedrejá-lo. Outros o julgavam impostor. Outros ainda o achavam indigno de viver. Além disso, tinha a mais aguda consciência de que o sistema era doentio e controlador.

O que se esperaria de uma pessoa com esse currículo? Humor depressivo, ansiedade, pessimismo desenfreado, irritabilidade exacerbada. Mas jamais se viu alguém com tamanha serenidade e otimismo.

Era tão tranquilo que tinha coragem de dizer às pessoas que aprendessem com ele o caminho da mansidão e da paciência. Era tão feliz e bem resolvido que teve a coragem de convidá-las a beber do seu prazer de viver.

Apesar de toda a avalanche de estímulos estressantes, não culpou ninguém por sua miséria exterior. Entendia que por trás de alguém que o frustrava havia uma pessoa decepcionada com a vida. Sabia proteger sua emoção. Exaltava o que tinha e não reclamava do que não tinha. Era um artesão da emoção. Em meio à sua intensa atividade, era capaz de deter-se para observar as coisas pequenas. Gostava de festa e de diálogos prolongados. Sabia contemplar o belo. Transitou com suavidade pelo teatro da vida.

Jamais reclamou, a não ser uma única vez. Pregado na cruz, proferiu algumas palavras incomuns na sua biografia. Reclamou não do coração ofegante, das fibras musculares lesadas, da desidratação, da angústia, da rejeição que o mundo lhe dispensava. Reclamou da mais dramática solidão, ao bradar: "Deus meu, Deus meu, por que me abandonaste?" *(Mateus 27:46)*.

Nas primeiras três horas da crucificação, Jesus chamou o Autor da existência de Pai. Nas últimas três horas, assumiu plenamente a condição humana e O chamou de seu Deus. Foi pouco antes de morrer que sentiu a ausência de Deus e não a suportou.

Ele sabia que Deus iria abandoná-lo, sabia que teria de passar pelos extremos da solidão antes de seus últimos suspiros, mas não havia experimentado a dimensão desse sofrimento. O pensamento central dos evangelhos nos deixa pasmos: Deus abandonou seu filho para resgatar a humanidade que o abandonou.

Diante disso, refaço a pergunta: quem foi mais esmagado pela solidão, o filho ou o Pai? Cada um deve construir sua própria resposta e meditar sobre ela. Mas talvez só sejamos capazes de obter uma resposta plausível quando passarmos por uma forte experiência de abandono.

No entanto, é possível inferir que a solidão calou mais profundamente em Jesus e no Deus do *Pai-Nosso* do que consegui descrever nesta obra.

O ateísmo de Nietzsche e o equívoco de Deus

Depois de ter percorrido as ideias de grandes ateus, por fim entrarei nas ideias de Nietzsche. Ele foi o mais inteligente e contundente dos ateus. Muitos religiosos tremem diante dos seus pensamentos. Consideram-no o mais herético dos intelectuais. Não é o que eu penso.

Sobre os alicerces do seu ateísmo, Nietzsche indaga com contundência: "Como? O homem é só um equívoco de Deus? Ou Deus é apenas um equívoco do homem?" (Nietzsche, 1888.)

Se esse arguto filósofo tivesse estudado os segredos fascinantes da oração do *Pai-Nosso*, entenderia que Deus e o ser humano são cúmplices um do outro, frutos do mais excelente equívoco, o equívoco do amor. Um amor nascido nas tramas sublimes da solidão.

Nietzsche era de fato um ateu? Queria destruir a ideia de Cristo do seu imaginário? Achava uma estupidez psicológica o ser humano procurar por Deus nessa curtíssima trajetória existencial? Considerava um desperdício ocupar a mente com as ideias sobre Deus? Não!

Nietzsche procurava preparar os solos da sua psique para conhecer os mistérios que cercam a vida. Era alguém inconformado com o superficialismo. Nele havia um desespero intelectual em busca do Autor da existência.

Sua ansiosa procura foi um dos exemplos mais espetaculares da inquietação de um ser humano imerso nos pântanos da solidão. Para discutir esse assunto, quero transcrever e depois comentar uma "oração filosófica" feita pelo próprio Nietzsche, e que é muito pouco conhecida. Esta oração foi traduzida pelo ilustre Leonardo Boff diretamente do alemão (Boff, 2000):

Oração ao Deus desconhecido

Antes de prosseguir em meu caminho e lançar o meu olhar para a frente, uma vez mais elevo, só, minhas mãos a Ti na direção de quem eu fujo.

A Ti, das profundezas de meu coração, tenho dedicado altares festivos para que, em cada momento, Tua voz me pudesse chamar.

Sobre esses altares estão gravadas em fogo estas palavras: "Ao Deus desconhecido".

Teu, sou eu, embora até o presente tenha me associado aos sacrílegos.

Teu, sou eu, não obstante os laços que me puxam para o abismo.

Mesmo querendo fugir, sinto-me forçado a servir-Te.
Eu quero Te conhecer, desconhecido.
Tu, que me penetras a alma e, qual turbilhão, invades a minha vida.
Tu, o incompreensível, mas meu semelhante, quero Te conhecer, quero servir só a Ti.

(Friedrich Nietzsche)

Nessa oração, os pensamentos de Nietzsche fluem como um rio que jorra do manancial das suas dúvidas. Esse rio flui não apenas na direção do Deus que está além dos limites do tempo e do espaço, mas do Deus que ele procura nos recônditos do próprio ser.

Nietzsche se debate tentando fugir de Deus para seguir sua história e traçar seus próprios caminhos. Mas não consegue fugir de si mesmo. Os caminhos se cruzam. Só, num mergulho introspectivo e solitário, o filósofo se aproxima do Autor da existência.

Como terra árida que clama pela chuva, qual sedento que sonha em refrigerar sua alma, ele tem a ousadia de dizer que ergue altares festivos para Ele. Na esperança de ouvir o inaudível, de perscrutar a Sua voz.

Nesses altares estão inscritas em fogo as palavras dirigidas ao mais comentado dos seres e o menos conhecido da história: o Deus desconhecido. Aquele que perturbou a mente de intelectuais e deixou em suspense a inteligência dos filósofos. Aquele que é especialista em se esconder, mas inscreve sutilmente sua assinatura através das gotas de orvalho, do sorriso de uma criança, da brisa que toca o rosto.

Nietzsche não sabe como defini-Lo, mas sabe que não pode deixar de pensar Nele. Embora tenha criticado a religiosidade com virulência ímpar e fosse contra a submissão cega, para nosso espanto declara "Teu, sou eu", apesar de até aquele momento ter criticado as ideias ligadas a Deus. Quem pode explorar as vielas da mente desse filósofo?

Quando todos pensavam que Nietzsche fosse o mais radical dos ateus, na realidade era um filósofo desesperado em busca de uma experiência radical com um Deus vivo, e não com o deus construído pelos seres humanos.

Nietzsche era um antirreligioso que, com uma coragem única,

anunciou a morte de Deus. Mas não é a morte do Deus do *Pai-Nosso*, mas do deus criado pelo ser humano, o deus construído à imagem e semelhança do seu individualismo, arrogância e autoritarismo. O deus que é um joguete nas mãos humanas, que faz guerras, que subjuga e exclui.

Em sua oração, o filósofo tenta separar o deus humano que o decepcionou, do Deus concreto que alicerça a existência. Tentou fugir de ambos, mas agora se sente compelido a procurar o Deus real. Não vê sentido se não encontrá-Lo. Inquieto com suas próprias conclusões, Nietzsche se lança como um raio em direção a explicações mais profundas.

Com uma humildade raramente vista entre os mais célebres pensadores, ele reconhece sua pequenez e clama em alta voz e sem medo: "Eu quero Te conhecer, desconhecido!"

Ele clama de forma imperativa, como se estivesse em sintonia com o tempo verbal usado na oração do *Pai-Nosso*. Ele não está no alto da montanha, mas no cume dos questionamentos. Nesse cume, deixa-se refrescar pela brisa da serenidade. Não perdeu sua capacidade de aprender.

Para mim, é como se Nietzsche estivesse recitando a oração do *Pai-Nosso* à sua maneira. Como se dissesse: "Deus desconhecido que estás nos céus, quero elogiar Teu nome, mas não sei quem Tu és. Sai do Teu reino e penetra no meu ser. Ansiosamente espero ouvir a Tua voz. Deixa-me conhecer Teu projeto e saber onde eu me insiro nele. Sulca os solos da minha alma. Não me deixes sucumbir nos áridos vales das dúvidas. A Ti pertenço. Teu sou eu, embora, até o presente, eu tenha Te negado. Dá-me o pão diário que nutre a inteligência. Eu quero Te conhecer, desconhecido."

Ateus e não-ateus, independentemente de uma religião, sempre tiveram Deus como um tema central em suas inteligências. Disseram palavras que, embora nunca pronunciadas, expressaram estas ideias: "Deus, quem és Tu? E quem sou eu? Penetra o meu pensamento. Invade meu orgulho, irriga meu radicalismo com o orvalho da humildade antes que se dissipe meu tempo e eu me torne uma terra seca e estéril. Ensina-me a ouvir no silêncio e a enxergar na ausência da luz. Eu quero Te conhecer."

Há uma busca insaciável em todo ser humano. Parafraseando Jesus, o Mestre dos Mestres: "Bem-aventurados os que se esvaziam em seu espírito e se tornam garimpeiros em busca de suas origens, porque, ainda que se percam num mar de dúvidas, deles é o reino da sabedoria."

Afinal, a grande conclusão do texto mais recitado e menos compreendido da história é:

Deus e o ser humano são dois seres solitários que vivem no teatro da existência procurando ansiosamente um ao outro no pequeno parêntese do tempo...

Nota sobre *A sabedoria nossa de cada dia – Os segredos do Pai-Nosso 2*

"*A segunda parte do Pai-Nosso se inicia com a frase* O pão nosso de cada dia nos dai hoje. *Com ela, o Mestre dos Mestres debruça-se sobre as necessidades psíquicas do complexo ser humano.*"

O Pai-Nosso é uma das orações mais recitadas em todo o mundo, mas poucas pessoas compreendem a profundidade das mensagens que ela traz. Com a intenção de desvendar os segredos ocultos nas palavras de Jesus e de revelar o poder transformador dessa prece, Augusto Cury escreveu a coleção *Os segredos do Pai-Nosso*.

Embora os dois livros se complementem, eles podem ser lidos de forma independente, pois abordam temas distintos: o primeiro volume estuda as características de Deus e o segundo, *A sabedoria nossa de cada dia*, trata da personalidade humana, seus dilemas e conflitos.

Nessa fascinante jornada, você vai descobrir a profunda visão de Jesus dos sentimentos humanos e conhecer algumas ferramentas indispensáveis ao equilíbrio, à saúde mental e à expansão dos horizontes da inteligência.

É fenomenal observarmos que Jesus começou a comentar nossa psique não apontando erros ou falhas, mas falando da nutrição da emoção e da inteligência. Ele falava da necessidade de ingerir o pão diário, objetivando fazer de cada dia um momento solene. Que pão era esse?

O pão do diálogo, da humildade, da segurança, da sabedoria, da arte de pensar antes de reagir, o pão capaz de transformar a vida numa experiência única. Vivemos em sociedades famintas, ainda que industrializadas. Muitos mendigam o pão do prazer e da tranquilidade, pois são desnutridos no único lugar em que deveriam estar satisfeitos e saudáveis – no teatro de suas mentes.

Após tocar na nutrição da personalidade, na famosa oração do *Pai--Nosso*, Jesus discorre sobre os conflitos e as frustrações que inevitavelmente vivenciamos nas relações sociais. Como artesão de uma nova sociedade, ele nos estimula a conhecer a arte da tolerância, do perdão e da compreensão do outro.

Ele penetra em camadas mais profundas da mente humana e fala do eu doente e do eu saudável. Aborda a necessidade de sermos líderes de nós mesmos, autores de nossa história.

A oração do *Pai-Nosso*, tão serena, continua a ser incendiária, tão singela e, ao mesmo tempo, tão provocante. Faz-nos um convite para penetrarmos no mais sutil e complexo dos territórios, aquele que nos tece.

Bibliografia

BLOOM, Harold. *Onde encontrar a sabedoria?* Rio de Janeiro: Objetiva, 2004.

BOFF, Leonardo. *Tempo de transcendência.* Rio de Janeiro: Sextante, 2000.

CURY, Augusto. *O Mestre do Amor.* Rio de Janeiro: Sextante, 2006.

_____. *O Mestre dos Mestres.* Rio de Janeiro: Sextante, 2006.

_____. *Inteligência multifocal.* São Paulo: Cultrix, 1999.

DAMÁSIO, António R. *O erro de Descartes. Emoção, razão e cérebro humano,* 12ª edição (Coleção Fórum da Ciência). Lisboa: Publicações Europa-América, 1995.

DURANT, Will. *História da filosofia.* Rio de Janeiro: Record, 1996.

FOUCAULT, Michel. *A doença e a existência. Doença mental e psicologia.* Rio de Janeiro: Folha Carioca Editora, 1998.

FRANKL, V. E. *A questão do sentido em psicoterapia.* Campinas: Papirus, 1990.

FREUD, Sigmund. *Obras psicológicas completas de Sigmund Freud.* Rio de Janeiro: Imago, 1969.

FROMM, Erich. *Análise do homem.* Rio de Janeiro: Zahar, 1960.

HUSSERL, L. E. *La Filosofía como ciencia estricta.* Buenos Aires: Editorial Nova, 1980.

JUNG, Carl Gustav. *O desenvolvimento da personalidade.* Petrópolis: Vozes, 1961.

KANT, I. *Crítica da razão pura.* Coleção Obra-Prima Série Ouro. São Paulo: Martin Claret, 2001.

KAPLAN, Harold I., SADOCH, Benjamin J. e GREBB, Jack A. *Compêndio de psiquiatria: Ciência do comportamento e psiquiatria clínica.* Porto Alegre: Artmed, 1997.

MARX, Karl. *O capital.* Rússia: LTC, 1982.

MOURA, Carlos A. R. *Nietzsche: Civilização e cultura.* São Paulo: Martins Fontes, 2005.

NIETZSCHE, F W. *Crepúsculo dos ídolos.* Portugal: Edições 70, 1888.

SARTRE, Jean-Paul. *O ser e o nada – Ensaio de ontologia.* Petrópolis: Vozes, 1997.

SCHIMMEL, Annemarie. *L'incendie de l'âme: L'aventure spirituelle de Rûmî.* Paris: Albin Michel, 1998.

TEIXEIRA, Faustino. *Sede de Deus. Orações do judaísmo, cristianismo e Islã.* Petrópolis: Vozes, 2002.

Sobre o autor

Augusto Cury é psiquiatra, cientista, pesquisador e escritor. Publicado em mais de 70 países, já vendeu, só no Brasil, mais de 30 milhões de exemplares de seus livros, sendo considerado o autor brasileiro mais lido na atualidade. Seu livro *O vendedor de sonhos* foi adaptado para o cinema pela Warner/Fox. O próximo título a ganhar as telonas será *O futuro da humanidade*.

Entre seus sucessos estão *Armadilhas da mente*; *O futuro da humanidade*; *A ditadura da beleza e a revolução das mulheres*; *Pais brilhantes, professores fascinantes*; *O código da inteligência*; *O vendedor de sonhos*; *Ansiedade*; *Gestão da emoção* e *O homem mais inteligente da história*.

Cury é autor da Teoria da Inteligência Multifocal, que trata do complexo processo de construção de pensamentos, dos papéis da memória e da construção do Eu. Também é autor do Escola da Inteligência, o primeiro programa mundial de gestão da emoção para crianças e adolescentes e o maior programa de educação socioemocional da atualidade, com mais de 250 mil alunos.

Acompanhe o autor pelo Facebook:
facebook.com/augustocuryautor

Entre em contato com o autor:
contato@augustocury.com.br
escoladainteligencia.com.br

Conheça os títulos de Augusto Cury:

Ficção
Coleção O homem mais inteligente da história
O homem mais inteligente da história
O homem mais feliz da história

O futuro da humanidade
A ditadura da beleza e a revolução das mulheres
Armadilhas da mente

Não ficção
Coleção Análise da inteligência de Cristo
O Mestre dos Mestres
O Mestre da Sensibilidade
O Mestre da Vida
O Mestre do Amor
O Mestre Inesquecível

Nunca desista de seus sonhos
Você é insubstituível
O código da inteligência
Os segredos do Pai-Nosso
A sabedoria nossa de cada dia
Revolucione sua qualidade de vida
Pais brilhantes, professores fascinantes
Dez leis para ser feliz
Seja líder de si mesmo

sextante.com.br